KB091671

영어 기본기를 결정하는

초등 영어 표현력 사전

지은이 유현정
펴낸이 정규도
펴낸곳 (주)다락원

초판 1쇄 발행 2020년 6월 15일
초판 2쇄 발행 2020년 8월 27일
편집총괄 장의연
책임편집 김은혜
디자인 All Contents Group
일러스트 이창우

 **DARAKWON** 경기도 파주시 문발로 211
내용문의 (02) 736-2031 내선 522
구입문의 (02) 736-2031 내선 250~251
Fax (02) 732-2037
출판 등록 1977년 9월 16일 제406-2008-000007호

값 14,000원 (MP3 무료 다운로드)
ISBN 978-89-277-0129-3 63740

http://www.darakwon.co.kr
다락원 홈페이지를 방문하시면 상세한 출판정보와 함께 동영상강좌, MP3 자료 등 여러 도서의 다양한 어학 정보를 얻으실 수 있습니다.

영어 기본기를 결정하는

초등 영어 표현력 사전

유현정 지음 | 이창우 그림

DARAKWON

여러분은 영어를 좋아하나요?

안녕하세요, 여러분!

저는 이 책을 쓴 유현정이에요. 제가 어렸을 때는 중학교 때부터 영어를 배웠는데, 그때 선생님께서 틀어 주신 테이프에서 흘러나오는 영어 발음이 너무나 아름답게 들렸어요. 괜히 따라해 보고 흉내도 내 봤죠. 그러면서 영어가 좋아졌답니다.

영어를 좋아하게 되니 세상에 관심이 많아지고, 여행도 많이 다녔어요. 세계를 다녀보니 우리나라와는 다른 자연환경과 사는 모습이 너무나도 재미있더라고요. 이런 경험을 다른 사람들과 나누고 싶어서 영어를 가르치는 일을 시작했고, 거기에서 지금의 남편도 만났죠. 여러분보다 조금 어린 아이들 둘을 키우면서 몇 년 전부터 남편의 고향인 캐나다에서 살고 있어요.

부모님도, 선생님도 영어를 잘해야 한다고 하시죠? 왜 잘해야 하는지도 많이 얘기해 주셨을 거예요. 영어를 잘하면 세상을 보고 듣고 느끼는 폭이 넓어져요. 예를 들어 동물에 관심이 많은 친구라면 책도 찾아보고 인터넷에서 검색도 해볼 거예요. 이럴 때 영어를 알면 전 세계에 사는 다양한 동물에 대한 정보도 알 수 있겠죠.

영어를 잘해야 하는 이유는 너무 많은데, 영어를 잘할 수 있는 방법은 혹시 알고 있나요? 영어 동화책 읽기? 영어로 된 만화영화 보기? 원어민 선생님 귀찮게 하기? 모두 다 좋은 방법이지만, 억지로 할 수 있는 건 없어요. 영어를 잘할 수 있는 가장 좋은 방법은 영어를 좋아하는 거예요.

여러분도 잘 알겠지만, 좋아하는 마음은 노력으로 되는 게 아니죠. 관심을 갖다 보면 어느 날 갑자기 내 맘속에 들어오기도 하고, 친구가 좋아하니까 나도 좋아하게 되기도 하고요.

이 책은 여러분이 영어를 좋아했으면 하는 마음으로 만들었어요. 그래서 영어 교과서에만 나오는 뻔한 내용 말고, 여러분이 학교생활을 하거나 친구들과 놀 때, 가족들과 지낼 때 자주 쓸 만한 내용만 골랐어요. 학교에서 친구들과 만나고, 마음에 드는 친구도 생기고, 좋아하는 아이돌 가수에 대해 수다를 떠는 것처럼 늘 겪는 일들을 영어로 떠올려보고 한 마디라도 말할 수 있다면 영어 실력이 좋아질 거예요. 이 책에는 그런 내용이 가득 담겨 있으니 하고 싶은 말을 찾아서 영어로 말하고, 한 줄이라도 꼭 써 보세요.

여러분 중에는 나중에 영어 선생님이 되는 사람도 있겠죠?

여러 친구들의 다양한 꿈을 응원하면서, 영어를 좋아하게 되는 주문을 외쳐볼게요. You love English!

캐나다 위니펙에서
유현정

◆ 내 일상이 녹아 있는 13가지 주제에서 골라 배워요!

초등 영어는 공부가 아니라 흥미로 접근해야 합니다. 그래야 시작부터 영어 과목과 멀어지지 않으니까요. 늘 하는 일, 늘 보는 것, 관심 있는 것을 중심으로 표현을 배우면 영어에 흥미를 붙들어 둘 수 있어요.

이 책은 인사나 날씨 같은 필수 주제부터 친구 관계나 대중문화 같은 아이들의 최고 관심사 주제까지 다루고 있기 때문에 혼자서도 재미있게 읽고 쉽게 이해할 수 있어요. 필수 단어뿐 아니라 친구들이 흔하게 쓰는 신조어도 담았습니다. 부모님이 집에서 영어 홈스쿨링을 할 때에도 시기와 맞는 주제를 골라 편하게 수업을 진행할 수 있습니다.

◆ 교과서에만 나오는 영어가 아니라 진짜 영어를 배워요!

'말하다'라는 말을 영어로 표현하기 위해서 알아야 하는 단어 say, tell, speak, talk의 차이를 예문과 설명에서 확인할 수 있습니다. 단어와 표현의 뜻, 표현이 나오게 된 배경, 실제 활용되는 예문과 대화를 통해 새로운 표현을 익히고, 헷갈렸던 부분을 확실히 알게 됩니다. 영어 기초가 잡히면서 뿌듯함을 느끼게 될 거예요. 사이사이에 숨겨진 속담과 문화적인 지식까지 얻어가세요. 이 책에 있는 영어 속담과 표현은 만화 영화를 볼 때나 생활 영어 회화를 할 때 빛을 발할 것입니다.

◆ 외우지 마세요! 심심할 때마다 펼쳐 보고 따라 읽어요!

달달 외우는 영어 공부, 절대로 하지 마세요. 억지로 하면 재미가 없고, 재미를 못 느끼면 영어를 놓게 되니까요. 그냥 읽고 싶은 곳 펴서 읽고, 싫으면 덮어 두세요. 친구를 만나면 읽었던 내용을 써먹어 보고, 생각나면 또 펼쳐 보고… 늘 옆에 두고 만화책 보듯 즐기세요.

이 책을 쓰면서 저희 아이들이 캐나다에 와서 영어를 익히게 된 과정을 떠올려 보았어요. 저희 아이들은 가족 중에 원어민이 있어서 다른 한국 친구들보다는 영어에 친숙한 편이었지만, 그래도 영어를 잘하지 못하는 상태로 캐나다에 왔거든요. 주변 사람들이 모두 영어로 말하는 환경에서도 생각보다 영어가 빠르게 늘지는 않더라고요. 그런데 TV로 애니메이션을 보면서부터 입이 트이기 시작했어요. 아이들이 좋아하는 내용을 통해 언어를 받아들일 때 더 빨리 실력이 는다는 것을 알게 되었죠.

여러분도 이 책과 함께 영어 동화책, 애니메이션, 영어동요 등 마음에 드는 것이 있으면 다양하게 찾아 보세요. 부모님께 골라달라고 해도 좋아요. 한국 애니메이션인「로보카 폴리」나 「출동! 슈퍼윙스」영어판을 보는 것도 좋습니다. 넷플릭스나 유튜브, IPTV(올레TV, SK broadband, LG U+ 등)에서 찾아보세요. 재미도 있고 영어를 배우기에도 좋은 만화영화를 몇 개 추천합니다.

라이온 수호대 Lion Guard
라이온 킹, 심바의 아들인 카이온이 주인공인 만화영화예요. 성우들의 발음이 모두 좋아서 추천해요. 주인공이 자기가 누구인지 찾아가는 과정에서 약한 동물을 돕고 친구들과 힘을 합쳐 어려움을 이겨내지요. 영어 문장도 좋고 귀에 쏙 박히는 주제가 있어 따라 부르기 좋아요.

리나는 뱀파이어 Vampirina
뱀파이어 소녀가 인간 세상에 이사를 와서 혼란을 겪으며 스스로를 찾아가는 이야기입니다. 남과 나의 다른 점을 받아들이는 과정을 볼 수 있어요. 말이 조금 빠르긴 하지만 요즘 영미권 아이들이 쓰는 단어와 표현들을 배울 수 있어요.

페파피그 Peppa Pig
영국 작품이라 미국 영어와는 다른 악센트를 배울 수 있어요. 일상에서 생활 습관을 만들어 가는 것에 대한 내용이라 쉽고 재미있습니다.

흥미로운 주제

초등학생 친구들의
최대 관심사를 주제로 삼았어요.

MP3

큐알코드를 찍으면
원어민의 발음을
바로 들을 수 있어요.

대중문화를 나타내는 표현

🎧 45.mp3

한국 노래와 드라마, 영화가 세계적으로 인기를 얻어서 '한류(K-wave)'라는 말이 생겨났어요. K는 Korea(한국)를 의미하고 wave는 '흐름, 파도'라는 뜻이에요. 대중문화 관련 표현을 익혀서 좋아하는 외국 스타에게 댓글을 달아보고 외국 친구에게 한류도 소개해 보세요.

대표 표현

자주 쓰는
영어 표현을
담았어요.

celebrity 유명인

뜻풀이

꼭 알아야 하는 대표 뜻을 콕 집어줘요.

📘 Have you ever seen any celebrities? 너 유명한 사람 본 적 있어?

'유명인'은 영어로 celebrity라고 해요. 이 유명인에는 배우, 가수, 모델 같은 연예인도 있고, 유튜브 크리에이터나 김연아 같은 스포츠 스타도 있지요. TV, 인터넷 매체를 통해 사람들에게 잘 알려져 있는 사람이라고 생각하면 됩니다.

boy band/ girl group 아이돌 그룹

📘 용하: Who is your favorite boy band? 네가 좋아하는 남자 아이돌 그룹이 누구야?
주아: I like 2U most. 난 2U를 가장 좋아해.

남자 아이돌 그룹은 영어로 boy band라고 하고, 여자 아이돌 그룹은 girl group이라고 해요. band와 group 모두 음악가 무리를 가리키는 말이에요. 우리가 아이돌이라고 하는 영어 단어는 idol인데 '우상'이라는 뜻이에요. 한국에서는 아이돌이 춤을 추는 젊은 가수를 말하지만 영어권에서는 pop idol(팝 음악 스타)이나 sports idol(스포츠 스타)을 얘기해요.

대화

영어 표현을
실제 상황에서는
어떻게 쓰는지
알 수 있어요.

설명

술술 읽을 수 있는
쉬운 설명이 들어 있어요.

210

땅콩은
들어갈 수 없어요!

미국과 캐나다는 한국보다 여러 알레르기(allergy)로 고생하는 사람이 많아요.

그래서 어린이 집이나 학교에 Nut-free라고 적힌 표지판이 아주 많이 붙어 있습니다.

Nut-free는 '견과류에서 자유로운, 견과류가 없는'이라는 뜻이에요.

nut가 땅콩이나 호두, 아몬드 등의 견과류를 의미하거든요.

반에 한 두 명은 이렇게 견과류 알레르기가 있는 사람이 있으니

아예 학교에 견과류를 가져오지 못하게 막는 거예요.

가정통신문에도 점심과 간식을 nut-free lunch(견과류 없는 점심),

nut-free snack(견과류 없는 간식)으로 싸오도록 권하고 있습니다.

This is a nut-free classroom. No nuts, please.
이곳은 견과류가 없는 교실입니다. 견과류는 안 됩니다.

194

일러두기

• 영어 동사는 말하는 시점에 맞는 시제를 썼습니다. 따라서 기본형이 아닌 과거형이나 미래형이 쓰인 경우도 있으니 설명을 참고하세요.

• 한국어 '우리의'는 문화적, 언어적 차이 때문에 영어로 our(우리의)라고 번역하지 않았습니다. 관련 내용은 71페이지에서 확인하세요.

• 영어는 존댓말과 반말을 구분해서 쓰지 않습니다. 이 책은 대부분 반말로 구성하였고, 필요 시에만 존댓말을 썼습니다.

목차

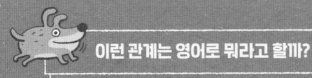

이런 관계는 영어로 뭐라고 할까?

관계에
어울리는 **찰떡 표현**

- 친구
- 친구와 놀기
- 가족
- 반려동물
- 연애
- 결혼

친구는 영어로 friend라고 하는데, 한 명일 때는 a friend라고 하고, 나를 포함해서 두 명 이상일 때는 friends 라고 합니다. 나 혼자 친구 할 수는 없죠? 보통은 서로 친구가 되는 것이므로 friends라고 복수로 말합니다.

best friend 제일 친한 친구

예 Hana is my best friend. 하나는 내 제일 친한 친구야.

best는 '가장 좋은'이라는 뜻이기 때문에 best friend는 제일 친한 친구를 말해요. 친하게 지내는 친구가 여러 명이면 best friends라고 해도 됩니다. 가깝게 지내는 친구를 가리키는 단어로는 close friends도 있어요.

BFF 우리 우정 변하지 말자

예 Best friends forever! 우리 우정 영원하자!
▶ forever 영원히

Best friends forever.에서 앞 글자만 딴 표현이에요. [비에프에프]라고 읽으면 됩니다. 휴대폰으로 문자를 보낼 때 글자를 다 쓰기 싫으니까 줄여서 쓰기 시작했는데, 지금은 대화할 때도 쓰고 편지에도 써요.

friendship 우정

예 Friendship is very important to me. 우정은 제게 아주 중요해요.

단어를 잘 살펴보세요. 친구(friend)와 같은 배(ship)을 타고 가는 것을 '우정'이라고 합니다. 그만큼 믿고 의지한다는 뜻이겠지요.

classmate 반 친구

(예) **I saw many classmates at the zoo.** 나는 동물원에서 반 친구를 많이 만났다.

같은 반에서 매일 만나서 공부하는 친구를 classmate라고 해요. 참고로 캐나다, 미국에서는 1-2학년, 3-4학년, 5-6학년끼리 묶어서 반을 구성하는 학교도 많습니다. 그래서 반 친구들이 나보다 나이가 많거나 적을 수 있어요.

우리는 찰떡궁합! click!

click 클릭한 것처럼 잘 맞다

(예) **Mina and I clicked.** 미나와 나는 잘 맞았어.

컴퓨터 마우스로 파일을 클릭해서 착착 일을 하듯이 성격이 잘 맞는 것을 click이라고 합니다. 재미있는 표현이지요?

get along well with ~와 친하다

(예) **I get along well with all of my classmates.** 나는 반 친구 전부와 친하게 지내.

누군가와 사이좋게 지내는 것을 get along well이라고 해요. with 뒤에 누구와 잘 지내는지 붙이면 됩니다. 반대로 사이가 안 좋다면 don't get along well with라고 해요.

be friends with ~와 친구다

(예) **I am friends with Junho.** 나는 준호와 친구야.

누군가와 친구로 지낸다는 것은 be friends with라고 해요. 이것도 결국 사이가 좋다는 의미예요.

bully ~를 따돌리다, 괴롭히다, 왕따시키다

예 예준: Jaemin bullies the small kids. 재민이는 작은 애들을 괴롭혀.

지윤: I know. Jun was bullied by Jaemin. 알아. 준이 재민이에게 괴롭힘을 당했어.

남을 왕따시키거나 남에게 못된 짓을 하는 사람을 bully라고 해요. '왕따를 당하다'는 be bullied 라고 합니다.

cyber-bullying 사이버왕따

예 OK. Let's talk about cyber-bullying today. 좋아. 오늘은 사이버 왕따에 대해서 이야기해 보자.

직접 만나서 괴롭히는 것이 아니라 인터넷이나 모바일 기기, 즉 SNS 등을 통해서 왕따를 시키 는 것을 영어로는 cyber-bullying이라고 합니다. 인터넷 상에서 일어나는 거니까 앞에 cyber 가 붙고, 동사 bully에 ing를 붙여서 '괴롭히는 것'이라는 명사를 만든 거예요.

loser 찌질이

예 You shouldn't call a friend a loser. 친구를 찌질이라고 부르면 안 돼.

왕따를 당하는 사람은 영어로 뭐라고 할까 궁금하죠? '지다, 패배하다'라는 뜻의 동사 lose에서 나온 명사 loser는 '패배자, 실패자, 낙오자'라는 뜻인데 이 loser가 '왕따, 찌질이, 호구'라는 뜻 으로 쓰입니다. 또는 outcast라고도 해요. out(밖으로)+cast(던져진)라는 단어 구성 그대로 '아웃 사이더, 왕따'라는 말이에요. 참고로 미국과 캐나다에서는 loser를 더 많이 써요. 이 두 단어를 알고는 있더라도 친구를 괴롭히는 의미로는 쓰지 않는 게 좋아요.

친구와 놀 때 쓰는 표현

🎧 02.mp3

친구와 노는 것이 가장 즐거운 여러분! 여기 있는 표현 중에 어떤 걸 함께 하고 놀았는지 생각해 보고, 영어 일기를 써 보면 어떨까요?

hang out with ~와 어울리다

예 I usually hang out with Junho and Hana.
나는 주로 준호랑 하나랑 놀아.

친구와 만나서 수다 떨고, 놀이터에 가고, 떡볶이도 사먹으며 어울리는 것을 영어로 hang out 이라고 해요. 함께 어울려 논다는 뜻의 표현입니다. '놀다' 하면 제일 먼저 생각나는 동사 play는 주로 운동을 하거나 연주를 한다는 의미기 때문에 '어울려 놀다'라는 의미로는 쓰지 않아요.

have a play date 친구와 놀다

예 예준: Mom, can I have a play date with Jina? 엄마, 지나랑 약속 잡고 놀아도 돼요?
엄마: OK. I will call her mom. 그래, 엄마가 그 애 엄마한테 전화할게.

미국, 캐나다의 초등학생은 자기들끼리 약속을 잡고 노는 경우가 거의 없어요. 나라도 크고, 동네가 넓기 때문에 항상 차를 타고 다녀야 하거든요. 그래서 어른들끼리 약속을 잡고 차로 친구 집에 데려다주는 편입니다. 이런 약속을 play date라고 해요.

have a birthday party 생일 파티를 하다

예 I'm having a birthday party this weekend. 나 이번 주말에 생일 파티를 해.

생일은 영어로 birthday라고 하고, 파티는 party라는 영어 단어를 한국에서도 그대로 쓰고 있어요. 참고로 데이트나 파티는 주로 동사 have(가지다)와 함께 써요. 데이트나 파티 약속을 '가지고' 있는 것이기 때문이죠.

throw a party 파티를 열다

예 I'll throw a party for you! 내가 널 위해 파티를 열어 줄게!

파티는 '던지다'라는 뜻의 동사 throw와도 함께 쓰입니다. 파티를 던진다니 재미있는 표현이죠? 주인공에게 '짜잔-' 하고 파티를 던져 준다고 생각하세요. 물론 해석할 땐 '파티를 열다'라고 해야 겠죠. 이 파티가 생일 파티라면 throw a birthday party라고 하면 됩니다.

자, 파티 던질게

으악!

invite ~를 초대하다

예 도윤: I would like to invite you to my birthday party. 너를 내 생일 파티에 초대하고 싶어.

소윤: Cool. Thanks. I will be there. 좋지. 고마워. 파티에 갈게.

파티에 친구들을 초대하려면 먼저 초대할 손님 명단(guest list)을 작성한 다음, 초대장(invitation card)을 만들어서 학교에서 나눠 줍니다. 또는 부모님끼리 서로 이메일이나 문자로 보내기도 해요. 이렇게 사람을 '초대하다'라는 말은 영어로 invite라고 합니다.

have a sleepover 친구의 집에서 자다

예 민준: Mom, can I have a sleepover at Jisu's house? 엄마, 저 지수네 집에서 자도 돼요?

엄마: Sure, but not tonight. 좋아, 하지만 오늘 밤은 말고.

친구네 집에서 놀다가 자고 오는 것을 sleepover라고 해요. sleep은 '자다, 잠'이라는 뜻인데 여기에 다른 쪽으로 건너간다는 뜻의 over가 붙어서 남의 집에 건너가서 잔다는 뜻이 되었어요. sleepover와 비슷한 단어로는 slumber party/pajama party(잠옷을 입고 하는 파티)가 있어요. 참고로 sleepover는 한 두 명이 모여서 자는 거고, slumber party는 여러 명이 모이는 거예요.

RSVP 참석 여부를 알려 주세요.

예 RSVP at darak@darakwon.com or 010-123-5678.
darak@darakwon.com이나 010-123-5678로 참석 여부를 알려 주세요.

RSVP는 **Répondez, s'il vous plaît**.의 앞 글자만 딴 말로 [알에스브이피]로 읽습니다. '답장해 주세요(Please reply)'라는 뜻이에요. 이 문장은 프랑스어인데 영어를 쓰는 나라에서도 사용해요. 마치 한국인인 우리가 일상생활에서 게임, TV 같은 영어를 쓰는 것처럼 말이죠. 초대장 맨 마지막에 RSVP, please.라고 적혀 있다면 '참석 여부를 알려 주세요'라는 말이 됩니다. 그 옆에는 연락할 전화번호나 이메일 주소가 적혀 있죠.

가족을 나타내는 표현

🎧 03.mp3

내가 부모님에게는 자식이지만, 할머니와 할아버지에게는 손자/손녀가 되는 것처럼, 우리는 사람과의 사이에 따라 호칭이 달라요. 하지만 영어는 한국어보다 비교적 간단한 편입니다.

grandpa/grandfather 할아버지

parents 부모님

sister 여자 형제

엄마, 아빠를 부를 때는 Mom, Dad처럼 대문자로 써요. 삼촌은 Uncle이라고 합니다.

aunt 이모/고모

cousin 사촌

daughter 딸

mom/mother 엄마

son 아들
brother 남자 형제

dad/father 아빠

grandma/grandmother 할머니

take after ~를 닮다(행동, 체질)

예 **I took after my mom.** 전 우리 엄마를 닮았어요.

성격이나 체질, 행동이 누구를 닮았다는 말은 영어로 take after라고 해요. after에는 '뒤따르는'이라는 뜻이 있어요. 즉, 성격이나 행동이 누군가를 따라간다는 말이죠. after 뒤에 닮은 사람을 넣으면 됩니다.

look like ~를 닮다(외모)

예 **Saemi looks like her father.** 새미는 그녀의 아버지를 닮았다.

look은 '보다' like는 '~처럼'이라는 뜻입니다. '~처럼 보이다'라는 건 곧 외모가 닮았다는 말이겠죠? 그래서 영어로는 look like가 '~와 외모가 닮다'라는 뜻이에요. 이때 like는 '~을 좋아하다'라는 동사가 아니고 전치사랍니다.

Like father, like son. 그 아버지에 그 아들이네.

예 아빠: **You are so stubborn.** 너는 정말 고집이 세구나.

시우: **Like father, like son, Dad.** 그 아버지에 그 아들이죠, 아빠.

▶ stubborn 고집이 센

부모님과 여러분의 성격이나 취향이 비슷한가요? 그런 것을 부전자전/모전자전이라고 하죠. 영어로도 똑같습니다. Like father, like son.은 '아빠와 아들이 똑같다, 그 부모에 그 자식이다'라는 말로, 자식의 성격이나 행동은 부모를 닮는다는 표현이에요. 여자의 경우에는 Like mother, like daughter.라고 해도 됩니다. 이 표현은 좋은 의미로도 쓰고, 좋지 않은 의미로도 써요.

DNA 유전자의 본체

예 The police will run a DNA test. After that they will arrest him.
경찰은 DNA 테스트를 할 것이다. 그 후에 그를 체포할 것이다.
▶ run (검사를) 하다 arrest 체포하다

모든 사람이 고유하게 가지고 있는 유전자의 본체를 DNA라고 해요. 드라마를 보면 DNA 테스트를 해서 친자식인지 아닌지 알아내죠? 또 범인을 잡기도 하고요. 이 DNA는 부모님을 비롯해 가족으로부터 물려받은 거예요.

adopt a baby 아기를 입양하다

예 My parents decided to adopt a baby girl. I'm so happy that I will be a sister.
부모님이 여자 아기를 입양하기로 결정했다. 나는 언니가 될 거라 아주 기쁘다.
▶ decide 결정하다

한국도 점차 공개적으로 아이를 입양하는 사람이 많아지고 있죠. '입양하다'라는 뜻의 동사는 adopt고, '입양'은 adoption이라고 해요. 아이를 실제로 낳은 부모는 biological(생물학적)이라는 단어를 붙여서 biological mother/father(낳아 준 어머니/아버지)라고 해요. DNA를 물려준, 생물학적으로 관련이 있는 부모라는 뜻이에요.

-in-law 결혼으로 가족이 된 사람

예 This is my daughter-in-law. 여기는 제 며느리예요.

결혼으로 이루어진 관계는 모두 뒤에 -in-law를 붙여요. law는 '법'이라는 뜻인데 혼인신고를 함으로써 법적으로 가족이 된 관계라는 걸 보여주는 단어죠. 예를 들어 시어머니나 장모님은 mother-in-law라고 하고, 시아버지, 장인어른은 father-in-law, 사위/며느리는 son/daughter-in-law라고 해요.

반려동물을 나타내는 표현

🎧 04.mp3

여러분은 강아지나 고양이를 키우고 있나요? 이렇게 사람들이 가족처럼 기르는 동물을 '반려동물'이라고 부릅니다.

pet 반려동물

예 **Do you have a pet?** 너 반려동물 있니?

멍!

반려동물은 영어로 pet이에요. 고양이, 강아지, 새, 햄스터, 토끼 등 집에서 키울 수 있는 동물들을 말하죠.

dog person 개를 좋아하는 사람

예 시류: **Are you a dog person or a cat person?** 너는 개를 좋아하니 아니면 고양이를 좋아하니?

은하: **I love dogs.** 나는 개가 좋아.

어떤 사람은 개를, 또 어떤 사람은 고양이를 좋아하죠. 그걸 영어로는 dog person, cat person 이라고 합니다. 개나 고양이 같아 보이는 사람을 말하는 게 아니에요. 만약 개나 고양이를 좋아하지 않는다면 앞에 not을 붙여서 not a dog person(개를 안 좋아하는 사람), not a cat person(고양이를 안 좋아하는 사람)이라고 해요.

walk a dog 개를 산책시키다

예 엄마: **It's your turn to walk the dog.** 네가 개 산책시킬 차례야.

지호: **OK. Leaving!** 네, 곧 나가요!

▶ turn 차례, 순서

산책은 '걷다'라는 동사 walk로 표현할 수 있어요. walk a dog은 말 그대로 개를 걷게 하는 거예요. 우리 개를 산책시킨다고 할 때는 walk the dog이나 walk my dog이라고 딱 정해서 말합니다.

do tricks 재주를 부리다

(예) **Can your dog do some tricks?** 너희 개 재주 좀 부리니?

손을 달라고 하면 발 하나를 내밀고, '빵!'하면 쓰러지는 시늉을 하는 등의 재주를 trick이라고
해요. trick은 원래 '속임수'라는 뜻인데, '묘기, 재주'라는 의미로도 씁니다. 이런 재주를 부린다
고 할 때는 동사 do(하다)와 함께 써서 do tricks라고 해요.

treat 간식

(예) **Would you like some treats?** 간식 좀 먹을래?

treat은 '~를 대접하다, 다루다'라는 뜻의 동사예요. 명사로 쓰면 '간식, 한턱, 특별한 요리, 대접'
이라는 뜻이에요. 아이나 동물에게 간식을 줄 때 treats를 준다고 해요. 위에 나온 trick과 treat
을 합치면 핼러윈에 쓰는 표현인 Trick or treat!이 됩니다. 사탕을 주지 않으면 장난을 치겠다
는 말이에요.

cage 강아지/고양이/새의 집

(예) 지후: **Why do you have a bird cage?** 새장이 왜 있어?
채원: **I used to have a bird.** 옛날에 새가 있었거든.

새장이나 동물의 집, '우리'는 cage라고 합니다. 주로 쇠창살이나 철사로 된 것을 말하지요.

potty-train ~를 배변 훈련시키다

(예) 은서: **We got a puppy.** 우리는 강아지를 데려왔어.
윤빈: **Oh, you need to potty-train the dog soon.**
오, 너 조만간 강아지 배변 훈련을 시켜야겠다.
▶ puppy 강아지

배변 훈련은 강아지나 아기에게 정해진 장소에서 대소
변을 보도록 훈련시키는 것을 말해요. potty는 유아용
변기를 의미합니다. 즉, 반려동물과 사람 아기에게 모두
쓸 수 있는 말이에요.

이게
화장실이라구!

…

알 게 뭐람~

cat litter 고양이 대소변용 모래

예 **Can you change the cat litter, please?** 고양이 화장실 모래 좀 갈아 줄래?

litter는 '쓰레기, 흐트러진 휴지'라는 뜻의 단어예요. 이 단어를 동물에게 쓰면 동물이 잘 수 있게 깔아주는 깔개나 고양이 화장실에 넣어주는 모래를 얘기합니다. 고양이 대소변 박스는 litter box라고 하지요.

연애를 나타내는 표현

🎧 05.mp3

두근두근, 마음을 설레게 하는 친구가 있나요? 연애와 관련된 표현을 배우면 좋아하는 마음을 더 솔직하게 표현할 수 있을 거예요.

환상의 커플이네~

내 남자친

boyfriend 남자친구

예 I don't have a boyfriend. 저는 남자친구가 없어요.

연애 감정을 가지고 사귀는 남자친구를 boyfriend라고 해요. 물론 상황에 따라 그냥 남자인 친구를 의미하는 경우도 있어요.

girlfriend 여자친구

예 예원: Does Jihoon have a girlfriend? 지훈이는 여자친구가 있니?

준서: No, I don't think so. 아니, 없는 것 같은데.

연애 감정을 가지고 사귀는 여자친구를 girlfriend라고 해요. 역시 상황에 따라 그냥 여자인 친구를 의미하기도 한답니다.

ask ~ out ~에게 데이트를 신청하다

예 우주: Would you like to see a movie with me? 나랑 영화 볼래?

다은: Are you asking me out now? 너 지금 나한테 데이트 신청하는 거야?

데이트 신청이라는 건 곧 상대방에게 나가서(out) 만날 수 있는지 물어보는(ask) 것이죠. 그래서 ask ~ out이 '~에게 데이트를 신청하다'라는 뜻으로 쓰이게 되었습니다. 영화나 미국 드라마에 자주 나오는 대사예요.

date ~와 데이트를 하다

예 I'm dating Daeun nowadays. 나 요즘 다은이랑 데이트해.

▶ nowadays 요즘에

남자친구, 여자친구와 만나서 노는 것을 데이트한다고 하죠. date라는 영어 표현은 한국어 대화를 할 때도 그대로 쓰지요. 명사로는 주로 '데이트하는 상대'를 가리키는 말이에요.

go out 사귀다

예 I'm going out with Juho. 나 주호랑 사귀고 있어.

사귀는 사이라면 데이트를 할 텐데 보통 밖에서 만나잖아요. 그래서 go out이 '사귀다'라는 말이 되었어요. 뒤에 with를 붙여서 누구랑 사귀는지 말할 수 있어요. 물론 사귀는 사람을 얘기하는 상황이 아니면 '놀러 나가다'라는 말로 써도 됩니다.

see ~와 사귀다

예 I heard you are seeing Juho. Is it true? 너 주호랑 사귄다며? 사실이야?

'사귀다'라는 표현은 여러 가지가 있어요. '보다'라는 뜻의 동사 see 역시 '사귀다'라는 의미로도 씁니다. 사귀는 사이면 자주 보겠죠? 그래서 see를 쓰기 시작했어요.

have a blind date 소개팅을 하다

예 수아: Dad, how did you meet Mom? 아빠, 아빠는 엄마를 어떻게 만났어?

아빠: Through a blind date. 소개팅을 통해서 만났지.

소개팅은 '소개+미팅'이라는 한국어 단어와 영어 단어를 잘라 붙인 말이에요. 영어로는 blind date라고 해요. blind는 '눈이 보이지 않는'이라는 뜻이니 blind date는 상대방이 누군지 모르고 나가는 데이트라는 말이에요. 동사 have랑 함께 써서 '소개팅이 있다, 소개팅을 하다'가 됩니다.

027

couple 커플

(예) William and Lexie are a couple. 윌리엄과 렉시는 커플이야.

사귀는 사이나 결혼한 사이를 영어로는 커플(couple)이라고 해요. 또는 매일 붙어 있으면서 한 몸처럼 군다는 의미로 an item이라고 하기도 합니다. 두 사람이 꼭 한 사람인 것처럼 붙어 있 으니 하나의 물건(an item)이라고 표현하는 거죠.

알콩달콩 커플♥

결혼을 나타내는 표현

🎧 06.mp3

결혼은 여러분에게 먼 이야기처럼 느껴지지요? 그래도 결혼과 관련된 재미있는 표현이 많으니 함께 알아보기로 해요.

propose 청혼하다

예 Brad is going to propose to Angelina soon. 브래드는 곧 안젤리나에게 청혼을 할 거래.

결혼하자고 청하는 것을 '청혼'이라고 해요. '청혼, 청혼하다'는 영어로 propose라는 단어를 써요. 동사와 명사 둘 다로 씁니다. 이 영어 단어는 우리가 일상에서도 '프러포즈'라고 자주 쓰는 말이죠. '프러포즈'가 들어간 영화 제목이나 노래 제목도 많아요.

pop the question 청혼하다

예 우진: Did Noah pop the question? 노아가 청혼했어?

예은: Yes, he did! And I said Yes! 응, 그랬어! 그리고 내가 그러자고 했어!

팝콘은 옥수수(corn)를 튀긴 음식입니다. pop은 뚜껑을 열 때 나는 '펑' 소리를 말해요. 동사로는 '펑 소리가 나다'라는 말이고요. 아무런 낌새가 없다가 Will you marry me?(나랑 결혼해 줄래?)라는 질문을 펑!하고 터트리면 깜짝 놀라겠죠? 즉, pop the question은 '그 질문을 펑 터트리다 → 갑자기 그 질문을 하다 → 청혼하다'라는 뜻으로 쓰게 됐어요.

Will you marry me? 나랑 결혼해줄래?

예 주원: Will you marry me? 나랑 결혼해 줄래?

지유: Yes! 응!

청혼할 때 가장 많이 하는 말은 '나랑 결혼해 줄래?'겠죠? 영어로는 Will you marry me?라고 해요. marry는 '~와 결혼하다'라는 동사예요.

get engaged 약혼하다

예 My uncle got engaged last night. 우리 삼촌은 어젯밤에 약혼했다.

청혼을 하고 상대방이 수락하면 결혼을 약속한 사이, 즉 약혼한 사이가 됩니다. 영어로는 get engaged라고 얘기해요. engage는 동사로 '약혼하다'인데 형용사로는 '약혼한 상태인'이라는 뜻이에요.

fiancé 약혼자

예 This is my fiancé, Liam. 이 사람이 제 약혼자 리암이에요.

결혼하기로 약속한 사람, '약혼자'는 fiancé라고 해요. 그런데 e 위에 이상한 점이 찍혀 있죠? fiancé가 영어가 아니라 프랑스어라서 그렇습니다. [피앙세이]라고 읽어요. 프랑스어지만 영어권 나라에서도 다 쓰는 말이랍니다.

engagement ring 약혼반지

예 Show me your engagement ring. 네 약혼반지 보여 줘.

영화나 드라마를 보면 청혼할 때 남자가 여자에게 반지를 주지요. 그걸 약혼 반지라고 해요. engagement가 '약혼'이라는 뜻이고, ring은 '반지'를 말해요. 외국에서는 청혼할 때 주로 다이아몬드 반지를 주는데 이 문화는 한국에도 전파되었죠.

get married 결혼하다

예 My aunt is getting married next week. 우리 이모가 다음 주에 결혼해.

▶ aunt 이모, 고모

결혼하는 것은 get married라고 해요. get은 '~하게 되다'라는 뜻의 동사고, 거기에 '결혼한 상태인'이라는 뜻의 형용사 married를 함께 써요. married는 동사 marry에서 나온 형용사예요.

wedding ceremony 결혼식

예 Aunt Jane's wedding ceremony was beautiful. 제인 고모의 결혼식은 아름다웠어요.

여러분, 부모님을 따라 결혼식에 가본 적 있지요? wedding이라고만 해도 '결혼, 결혼식'이라는 뜻이지만 '의식, 식'이라는 뜻의 ceremony를 붙이면 조금 더 공식적으로 결혼식을 말할 수 있어요.

wedding dress 결혼식 드레스

예 지민: Look at her wedding dress! 그녀의 웨딩 드레스 좀 봐!

현수: It's gorgeous! 정말 아름답다!

결혼식 때 신부가 입는 드레스를 wedding dress(웨딩 드레스, 결혼식 드레스)라고 하고, 신랑이 입는 양복은 tuxedo(턱시도, 결혼식 양복)라고 해요. 회사에 입고 다니는 양복보다는 더 화려한 느낌의 결혼식용 양복을 말하죠.

bride 신부

예 Let's welcome the bride! 신부를 환영해 주세요!

신부는 영어로 bride라고 합니다. 결혼식장에 가면 신부 대기실에 신부가 앉아 있지요. 그 신부 대기실 문에 bride라고 적힌 것을 종종 볼 수 있을 거예요.

(bride)groom 신랑

예 Where is the groom? 신랑은 어디에 있나요?

신랑은 영어로 groom이라고 한답니다. 신랑을 뜻하는 단어는 원래 bridegroom인데, 요새는 다들 bride를 떼고 groom이라고 하는 편이에요.

wedding reception 결혼식 피로연

예 The wedding reception will be at the party room. 결혼식 피로연은 파티룸에서 열릴 거예요.

결혼식이 끝나고 식사 및 다과, 음료를 즐기는 파티를 결혼식 피로연이라고 해요. 영어로는 wedding reception이라고 한답니다. 친척, 친구, 직장 동료들이 식사를 하며 축하해 주는 자리죠. 참고로 결혼 전날 가족끼리 모여서 저녁을 먹는 것은 rehearsal dinner라고 해요.

급훈: 좋은 사람이 되자!

제가 사는 캐나다 위니펙의 교육청에 올라온 글이에요. 우리나라로 치면 급훈 같은 거예요.

중간 중간 대문자로 쓴 것은 강조하려는 의도예요.

Some kids are 'SMARTER' than you.
Some kids have 'COOLER CLOTHES' than you.
Some kids are 'BETTER AT SPORTS' than you.
IT DOESN'T MATTER.
You have YOUR THING TOO.
Be the kid who can GET ALONG.
Be the kid who is GENEROUS.
Be the kid who is happy for OTHER PEOPLE.
Be the kid who does the RIGHT THING.
BE THE NICE KID.

어떤 아이들은 너보다 더 똑똑할 거야.
어떤 아이들은 너보다 더 멋진 옷을 가지고 있겠지.
어떤 아이들은 너보다 운동을 더 잘 할 거야.
그런 건 중요하지 않아.
너 너만의 장점이 있어.
남들과 잘 어울리는 사람이 되렴.
너그러운 사람이 되렴.
다른 사람을 위해 기뻐할 줄 아는 사람이 되렴.
올바른 일을 하는 사람이 되렴.
좋은 사람이 되렴.

안녕!
같이 놀자!

출처: 위니펙 교육청 인스타그램 (Winnipeg School Division Instagram)

내 하루를 영어로 말하고 싶어!

일상생활에
어울리는 **찰떡 표현**

- 패션
- 식생활
- 집
- 돈
- 죽음

패션을 나타내는 표현

🎧 07.mp3

패션 용어는 영어 단어를 그대로 쓰는 경우가 많아요. 어떤 것이 콩글리시고 어떤 것이 진짜 영어 표현인지 살펴봅시다.

오늘 뭘 입지?

shirt 셔츠

underwear 속옷

bracelet 팔찌

ring 반지

jeans 청바지

tie 넥타이

sneakers 운동화

boots 부츠

패션의 세계는 어려워

socks 양말

dress 원피스

skirt 치마

earrings 귀걸이

slippers 슬리퍼

button (up) 단추를 끼우다

예 Now you button up your shirt. You can do it. 이제 네가 셔츠 단추를 끼워 봐. 할 수 있어.

'단추'는 영어로 button이라고 하는데 이 단어를 동사로 쓰면 '단추를 끼우다'라는 말이 됩니다. 영어권에서는 단추를 아래부터 위로 끼우는 경우가 많은지 종종 up과 같이 써요. up을 빼고 그냥 button만 쓰기도 합니다.

zip (up) 지퍼를 잠그다

예 Can you zip up your jacket? 너 재킷의 지퍼 잠글 수 있겠어?

옷에 달린 지퍼를 잠글 때는 zip이라는 동사를 써요. 지퍼를 아래에서 위로 올리니까 up과 같이 쓰는데 up을 생략하고 zip만 쓰기도 해요. 여러 파일을 하나로 묶을 때도 zip한다고 합니다. 묶은 파일의 아이콘에 지퍼가 그려져 있는 걸 본 적 있을 거예요.

undo the zipper 지퍼를 열다

예 Now undo the buttons and the zipper. 자 이제 단추랑 지퍼를 풀어.

'하다'라는 동사 do에 부정을 뜻하는 un-이 붙은 undo는 '했던 것을 반대로 하다'라는 말이에요. 예를 들어 컴퓨터로 했던 작업을 없던 일로 하려면 undo 버튼이나 단축키를 누르는 것과 같아요. zipper 자리에 buttons을 넣으면 '단추를 풀다'가 됩니다. 또는, unbutton(단추를 풀다)이나 unzip(지퍼를 열다)처럼 원래 동사에 부정을 뜻하는 un-을 붙일 수도 있어요.

put on 입다

예 Put on your winter jacket. It's very cold today. 겨울 재킷 입어. 오늘 진짜 춥대.

팔, 다리를 옷에 집어넣고 입는 동작을 put on이라고 해요. put on은 옷뿐만 아니라 몸에 입고 끼우고 쓰는 모든 것을 말해요. 예를 들어 모자, 신발, 장신구, 화장품도 모두 put on(쓰다, 신다, 착용하다, 바르다)과 함께 씁니다.

wear 입다

예 You are wearing a rain jacket. It's not raining. 너 비옷 입었네. 지금 비 안 와.

'옷을 입다'를 영어로 말할 때 제일 대표적으로 쓰는 단어는 wear입니다. 앞서 나온 put on은 옷을 입는 동작을 말하고, 그 후에 옷을 입고 있는 상태는 wear라고 해요. wear 역시 put on 처럼 모자, 신발, 장신구, 화장품과 함께 써요.

try on 입어 보다

예 현우: Can I try this on? 이거 한번 입어 봐도 되나요?
직원: Sure. Go ahead. 물론이죠. 그러세요.

옷을 살 때는 한번 입어 봐야겠죠? 그럴 때 '입어 보다'라는 말은 try on이라고 해요.

take off 벗다

예 Those are my shoes. Take them off! 그거 내 신발이잖아! 벗어!

옷이나 신발, 장신구 등 몸에 입거나 걸치고 있던 것을 벗을 때는 take off라고 해요.

It looks good on you. 그거 너한테 잘 어울려.

예 해나: I like your jeans. They look good on you. 네 청바지 예쁘다. 너한테 잘 어울려.
선우: Thank you. 고마워.

옷이나 신발, 장신구가 누군가에게 잘 어울릴 때 칭찬하는 표현이에요. '무엇 look(s) good on 사람(무엇이 사람에게 잘 어울리다)'이라고 알아두면 됩니다. 단, 신발이나 바지처럼 두 부분이 하나를 이루어 항상 복수로 쓰는 것들은 대명사로 말할 때 they라고 하고, 동사에도 s를 빼고 말하세요.

It's you. 그거 너한테 딱이네.

예 경호: **Blue suits you. It's you.** 파란색 너한테 잘 어울려. 너한테 딱이야.

지은: **Thank you.** 고마워.

옷이나 장신구 등이 상대방에게 잘 어울리고 딱 맞춘 것 같다면 It's you.라고 해요. '그것이 곧 너다→너한테 딱이다'라는 말이죠. 또는 '~에게 어울리다'라는 뜻의 동사 suit를 써서 말하기도 해요.

It fits me. 나한테 맞아요.

예 **This dress fits me perfectly.** 이 드레스는 나한테 완벽하게 맞아요.

fit은 '(모양이나 크기가) ~에 맞다'라는 뜻의 동사예요. 그래서 옷이나 신발이 잘 맞는다고 할 때 씁니다. 바지나 신발은 대명사로 they라는 거 이젠 아시죠?

Your fly is open. 너 바지 지퍼 열렸어.

예 **Oh my god! My fly was open all along. I didn't know!**
이런! 내 바지 지퍼가 계속 열려 있었어. 난 몰랐는데!
▶ all along 줄곧, 내내

바지에 달린 지퍼는 fly라고 해요. 한국어로는 농담으로 '남대문이 열렸다'고 하지요.

big on ~한테 큰

예 세은: **This jacket is too big on me.** 이 재킷은 저한테 너무 커요.

직원: **You can exchange.** 교환할 수 있어요.

옷이나 신발, 장신구 등이 크면 big on이라고 합니다. 반대로 작을 때는 small on이라고 하고요. 옷이나 신발은 몸 위에 있으니까 on(~의 위에)을 써서 [big/small on 사람]이라고 하면 '누구에게 크다/작다'라는 말이 됩니다.

식생활을 나타내는 표현

🎧 08.mp3

식사는 인간 생활의 기본이라서, 세계 어느 나라에서든 중요하죠. 때문에 영어에도 식생활과 관련된 다양한 표현이 있습니다.

eat ~을 먹다

예 I can't eat peaches. I'm allergic to them. 나는 복숭아는 못 먹어. 알레르기가 있어.
　　▶ allergic 알레르기가 있는

'먹다'라는 뜻으로 가장 대표적인 단어는 eat이에요. 모든 먹는 것은 eat을 쓸 수 있죠. 또한 '갖다'라는 뜻의 동사 have도 '먹다'라는 의미로 쓸 수 있어요.

Dig in. 자, 먹어.

예 의연: Everything looks so good. 정말 다 맛있어 보이네.
　　해수: Let's dig in. 우리 먹자.

dig은 원래 '(땅을) 파다'라는 뜻의 동사예요. 숟가락으로 음식을 푸는 것이 삽으로 땅을 파는 것과 비슷해서 Dig in.이라고 하면 '자, 먹자'라는 뜻으로 쓰게 됐어요. 참고로 Let's는 Let us의 줄임말로 '우리 ~하자'라는 말이에요.

take medicine 약을 먹다

예 경지: I have a cold. 나 감기 걸렸어.
　　수호: You should take cold medicine and Vitamin C. 너 감기약이랑 비타민 C를 먹어야겠다.

약은 음식처럼 먹는 게 아니라 '복용하다'라는 의미기 때문에 동사 take를 씁니다. cold는 '추운/차가운'이란 뜻의 형용사지만, 추울 때 잘 걸리는 '감기'라는 뜻으로도 써요.

drink ~을 마시다

(예) Would you like to drink some juice? 주스 좀 드시겠어요?

물, 차, 음료수, 술까지 모두 아우르는 단어가 바로 drink랍니다. 액체로 된 것을 마신다는 뜻이에요.

hungry 배고픈

(예) Dad, I'm so hungry. 아빠, 저 너무 배고파요.

배고프다고 할 때 가장 많이 쓰는 대표적인 단어는 hungry입니다.

full 배가부른

(예) 새벽: Would you like more? 더 먹을래?
은주: No, thank you. I'm full. 아니, 괜찮아. 배불러.

배가 부른 상태를 full이라고 해요. 배가 고파서 밥 한 그릇을 얼른 다 먹었더니 배가 가득 찼는데 누가 더 먹겠냐고 물어보면 배부르다고 해야겠죠. 그때 I'm full.이라고 합니다.

아~ 배불러~

breakfast 아침식사

(예) I don't usually eat breakfast. 나는 아침은 잘 먹지 않아.

fast에는 단식이나 금식, 식사를 하지 않는다는 뜻이 있어요. 자고 있을 때는 밥을 못 먹지요. 즉, 자고 일어나 단식(fast)을 깨는(break) 첫 번째 식사라는 의미에서 breakfast가 아침 식사라는 뜻이 되었습니다.

lunch 점심식사

(예) 미르: **What's for lunch, Mom?** 오늘 점심 뭐예요, 엄마?

엄마: **It's a tuna sandwich.** 참치샌드위치야.

점심식사를 lunch라고 하고 점심 도시락은 lunch box라고 합니다. 미국이나 캐나다에는 알레르기 있는 아이들이 많아서 공립 학교에서는 거의 급식을 하지 않아요. 다들 따로 도시락과 간식을 싸가지고 다니죠. 점심으로는 간단히 샌드위치를 싸오는 친구들이 많습니다.

brunch 아침 겸 점심

(예) **Let's have brunch at A cafe.** A 카페에서 브런치 먹자.

브런치는 breakfast와 lunch를 결합한 단어입니다. 일상에서 자주 쓰기 때문에 익숙한 사람도 있을 거예요. 말 그대로 늦은 오전 시간에 아침 겸 점심으로 먹는 식사를 말해요. 메뉴판에 all day breakfast나 all day brunch라고 적혀있다면 하루 종일 아침 식사용 음식을 판다는 말입니다.

dinner 저녁식사

(예) 아빠: **Dinner's ready, guys!** 얘들아, 저녁 다 됐다!

호민: **Coming!** 가요!

저녁 식사는 dinner나 supper라고 해요. 둘 다 같은 의미니까 아무거나 써도 됩니다. 단, 명절에 가족들이 모여서 하는 저녁 식사는 항상 dinner라고 해요. Christmas dinner(크리스마스 저녁 식사)나 Thanksgiving dinner(추수감사절 저녁 식사)처럼요.

skip a meal 식사를 건너뛰다

예 현우: I'm hungry. I skipped dinner. 나 배고파. 저녁을 건너뛰었거든.

수현: Poor thing. Why? 안타깝네. 왜?

skip은 '깡총깡총 뛰다, 줄넘기를 하다'라는 뜻의 동사로, 식사를 안 하고 건너 뛰는 것을 나타낼 때도 씁니다. a meal은 한 끼 식사를 얘기하고요. a meal 대신에 구체적으로 breakfast, lunch, dinner처럼 어느 식사인지 넣어도 됩니다.

dish 접시

예 Don't eat too much already. There's a main dish coming up.
벌써 너무 많이 먹지 마라. 메인 요리가 나올 거야.

dish는 '접시, 음식, 요리'라는 뜻입니다. main dish(메인 요리), side dish(메인 요리가 아닌 곁들임 음식), vegetarian dish(채식주의자용 요리)처럼 써요.

take a sip 한 모금 마시다

예 세종: Can I take a sip of your juice? 나 네 주스 한 모금 마셔도 될까?

연이: Sure. 물론이야.

뜨거운 물을 한 모금 들이키는 소리는 '습-'과 비슷합니다. 이 '한 모금'을 영어로 a sip이라고 해요. sip은 동사로는 '(음료를 후루룩) 마시다'라는 뜻이에요. 한 모금 마시는 건 drink가 아니라 take와 함께 써요.

take a bite 한 입 먹다

예 민현: Can I take a bite? 나 한 입만 먹어도 돼?

은하: Sorry, but no. You already had lunch. 미안하지만 안 돼. 너 이미 점심 먹었잖아.

bite는 '물다'라는 뜻의 동사인데 명사로 쓰면 '(베어 문) 한 입'이라는 말이에요. 그래서 음식을 한 입 베어 먹는 것을 take a bite라고 해요. 남의 걸 한 입 얻어 먹는 게 가장 꿀맛이잖아요. 그럴 때 Can I take a bite?라고 부탁해 보세요. had는 동사 have(먹다)의 과거형이에요.

grab a bite (가볍게 빨리) 먹다

예 Let's grab a bite. I'm hungry. 우리 뭐 좀 먹자. 나 배고파.

시간이 없어서 빨리 뭔가 먹어야 할 때는 간단히 햄버거나 핫도그를 사먹기도 하지요. 그런 것을 grab a bite라고 합니다. grab은 '~를 붙잡다'라는 뜻의 동사예요. 손으로 음식을 잡고 먹는 것을 상상하면 됩니다.

nibble 오물거리며 먹다

예 Do you have something to nibble on? 너 뭐 좀 먹을 거 있어?

계속 야금야금 먹는 것을 영어로는 nibble이라고 해요. 입을 오물오물하는 장면을 떠올리면 됩니다. 주로 제대로 된 식사가 아닌 간식 먹는 것을 얘기해요. 뒤에 on과 연결해서 '~을 먹다'라고 쓰기도 한답니다.

foodie 음식을 좋아하는 사람

예 Susie is a very famous foodie on Instagram. 수지는 인스타그램에서 아주 유명한 식도락가야.

foodie는 인스타그램과 유튜브에 음식 사진과 영상이 많아지면서 생긴 단어예요. 먹는 것을 좋아해서 맛있는 식당을 찾아다니면서 사진과 영상을 올리는 사람들을 foodie라고 합니다. 미식가나 식도락가라고 할 수 있어요.

drink like a fish 술고래

예 My grandpa drinks like a fish. 우리 할아버지는 술고래다.
▶ grandpa 할아버지를 친근하게 부르는 것

술을 많이 마시는 사람을 한국어로는 술고래라고 하는데 영어에서는 물고기(fish)라고 해요. 술을 물처럼 마구 마시기 때문인 것 같아요. 고래나 물고기는 둘 다 바다 동물이지만 한국이 조금 더 스케일이 크네요.

I'm so hungry that I can eat a horse. 나 너무 배가 고파.

예 재현: I'm so hungry that I can eat a horse. 나 너무너무 배가 고파.

은서: Okay. Let's grab a bite. 좋아. 뭐 좀 먹자.

배가 너무 고플 때 한국어로는 뱃가죽이 등가죽에 붙을 정도라고 하는데, 영어로는 말을 먹을 정도라고 표현해요. 자동차가 발명되기 전 옛날 서부시대에는 말이 아주 중요한 교통수단이 었어요. 그런데 이렇게 중요한 말까지도 먹을 정도로 배가 아주 많이 고프다고 강조하는 거랍 니다.

045

집을 나타내는 표현

🎧 09.mp3

우리가 밥을 먹고 잠을 자고 생활하는 가장 중요한 공간이 바로 집입니다. 그만큼 말할 때 자주 등장하는 게 집과 관련된 표현입니다. 집의 종류부터 집안 곳곳의 명칭까지 함께 알아볼게요.

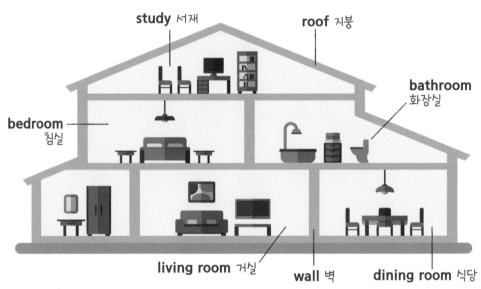

study 서재   roof 지붕

bathroom 화장실

bedroom 침실

living room 거실   wall 벽   dining room 식당

집안 표현

window	창문	kitchen	부엌
master bedroom	안방	back yard	뒷마당
front gate	현관	en-suite bathroom	방과 연결된 화장실
fire place	벽난로	walk-in closet	붙박이 장
front yard	앞마당	basement	지하실

house 집

일상생활

(예) 현서: **This is my house.** 여기가 우리 집이야.

규민: **Beautiful.** 예쁘다.

'집'은 영어로 house라고 합니다. 캐나다나 미국에서는 house라고 하면 보통 단독주택을 떠올려요. 영어에서는 '우리 집'을 my house(내 집)라고 말해요. 그 이유는 61페이지에서 확인하세요.

home 가정,고향

(예) **Korea is the home of 2U.** 한국은 2U의 고향이다.

house는 눈에 보이는 '집'을 말하고, home은 감정적인 혹은 형체가 없는 '가정'을 의미합니다. 또 고향이라는 뜻도 있어요. 최근에는 home도 house처럼 '집 건물'이라는 의미로 많이 쓰고 있어요.

homesick 향수병에 걸린

(예) **I miss my home. I'm homesick.** 나는 우리 집이 그리워. 향수병에 걸렸어.

외국에 살면 가장 많이 하는 말이 '집이 그립다'일 거예요. 고향을 그리워해서 마음이 아픈 것을 '향수병'이라고 하는데 영어로는 homesick이랍니다. sick은 형용사로 '아픈'이니까 homesick은 '집을 그리워하면서 마음이 아픈'이라는 말이에요.

homeless 집이 없는

(예) **I saw homeless people in the station.** 나 역에서 노숙자들을 봤어.

집 없이 거리에서 사는 사람을 노숙자라고 하지요. 영어로는 homeless people이라고 해요. less는 '~가 없는'이라는 뜻이라서, 이 단어가 붙으면 그 앞의 것이 없다는 말이 됩니다. 예를 들어 '끝'이라는 뜻의 단어 end에 less를 붙여 endless라고 하면 '끝이 없는'이란 뜻이 되죠.

apartment (내가 사는) 집

예 I'm having a party at my apartment this weekend. 나 이번 주말에 우리 집에서 파티를 열 거야.

영어를 쓰는 나라에서의 apartment는 한국에서 말하는 아파트가 아니에요. 그냥 내가 사는 곳이나 몇 호실을 뜻하는 경우가 많아요. 만약 여러분이 빌라에서 살아도 집을 말할 때 apartment라고 할 수 있는 거죠.

condo 아파트

예 I live in a condo. I don't live in a house. 나 아파트에 살아. 주택에 살지 않아.

내 이름은 콘도!

우리는 높고 큰 건물에 여러 집이 모여 사는 것을 아파트라고 하고, 미국이나 캐나다에서는 이런 형태의 집을 condo라고 해요. 영국에서는 flat이라고 하고요. 외국에서는 주로 학생이나 젊은 직장인이 이런 콘도에 살고, 아이가 있는 가정은 주택에 사는 문화가 있어요. 여러분이 알고 있는 콘도는 보통 관광지의 호텔을 말할 텐데, 이건 한국에서만 쓰는 영어, 콩글리시예요. 한국식 콘도는 실제 영어로는 resort hotel이라고 해요.

big mansion 대저택

예 I don't live in a big mansion. 나는 대저택에서 살지 않아.

주택 중에서도 아주 크고 비싼 것은 저택이라고 합니다. 영어로는 mansion이지요. 이런 mansion은 주로 풍경 좋은 언덕 위나 바다가 보이는 절벽 위에 있기 때문에 동네 이름이 hills(언덕)인 경우가 많아요. 미국의 대표적인 부자 동네 비벌리 힐스(Beverly Hills)를 들어 본 친구도 있을 거예요.

Home sweet home. 즐거운 우리집

예 We're home. Home sweet home! 집에 왔다. 역시 우리 집이 최고야!

세상에 집만큼 편하고 좋은 곳이 있을까요? 아무리 멋진 곳에 여행 갔다 와도 집에 돌아오면 '역시 우리 집이 최고야'라는 생각이 들잖아요. 그럴 때 쓰는 표현이랍니다.

house chores 집안일

예 I don't like doing house chores. 나는 집안일 하는 걸 좋아하지 않아.

청소, 빨래, 설거지 등 집을 깨끗하게 유지하기 위해서 하는 집안일은 영어로 chores라고 합니다. 이런 일에는 여러 가지가 있기 때문인지 보통 복수형으로 써요. 앞에 있는 house는 안 붙여도 됩니다.

dirty 더러운

예 정우: The house is so dirty. 집이 너무 더러워.

수진: We need to clean the house tonight. 오늘 밤에는 집을 청소해야 해.

dirty는 '더러운'이라는 뜻의 형용사예요. 이 단어에는 다른 뜻도 있어요. 축구 경기에서 상대 선수를 밀치는 반칙을 '더티 플레이'라고 하는데, 이때 dirty는 '비열한, 치사한'이라는 뜻입니다.

messy 지저분한

예 Look at your desk. It's so messy. 너 책상 좀 보렴. 너무 정신없잖니.

장난감이 여기저기 놓여 있거나 책, 옷 등이 정리가 안 된 채로 있는 상태를 messy하다고 얘기해요.

dusty 먼지가 많은

예 The house is so dusty. 집에 너무 먼지가 많다.

'먼지'는 영어로 dust라고 합니다. 여기서 나온 형용사가 dusty인데 '먼지가 많은'이라는 뜻이에요. 봄이 되면 찾아오는 미세먼지는 fine dust라고 해요. fine은 '가루가 아주 미세하고 고운'이라는 뜻이에요.

clean 청소하다

예 엄마: **Clean your room, please.** 네 방 좀 청소해라.

경수: **Yes, Mom.** 알았어요, 엄마.

'청소하다'는 영어로 clean이라고 해요. 뒤에 명사를 넣으면 어디를 청소하는지 얘기할 수 있어요.

vacuum 진공청소기로 청소하다

예 **My Dad usually vacuums the floor.** 우리 아빠는 주로 청소기로 바닥을 청소한다.

아휴! 먼지~

vacuum~

진공청소기는 영어로 vacuum cleaner라고 합니다. vacuum은 명사로 '진공'이라는 뜻이에요. 뒤에 cleaner를 떼고 vacuum이라고만 해도 진공청소기라는 뜻이 전달됩니다. vacuum은 동사로는 '청소기로 청소하다'라는 말이에요.

mop 걸레질을 하다

예 연수: **I don't enjoy mopping.** 난 걸레질하는 건 별로야.

진영: **I don't like vacuuming. It's too noisy.** 난 진공청소기 돌리는 게 싫어. 너무 시끄러워.

mop은 대걸레인데, 동사로는 '대걸레로 닦다'라는 말이에요. 참고로 티슈나 작은 걸레로 닦는 것은 wipe라고 합니다.

do the dishes 설거지를 하다

예 **I like doing the dishes.** 나는 설거지 하는 것을 좋아해.

설거지는 '하다'라는 뜻의 동사 do와 함께 씁니다. 또는 '씻다'라는 뜻의 동사 wash를 써서 wash the dishes라고 해도 됩니다.

run errands 심부름을 하다

예 I have to run some errands. I will be back in an hour. 나 볼일이 좀 있어. 1시간 후에 올게.

errands는 '심부름, 볼일'이라는 뜻이에요. 은행이나 마트, 동사무소 등을 다니면서 일을 보는 것을 말하죠. 볼일이 하나면 an errand, 여러 개면 errands라고 합니다. '심부름을 하다'인데 동사는 run(달리다)을 쓰는 게 재미있지 않나요? 심부름을 하느라 여기 저기 뛰어다니는 느낌이라고 생각하면 기억하기 쉬워요.

🎧 10.mp3

버스를 타고 먹을 것을 사고 학원을 다니려면 돈이 필요합니다. 돈의 형태로는 동전과 지폐가 있고 신용카드, 체크 카드 등도 돈처럼 쓸 수 있어요.

money 돈

예 진우: **Do you have money on you?** 너 지금 돈 있어?

은별: **No, I don't.** 아니, 없어.

돈은 셀 수 없다구~

돈은 영어로 money라고 합니다. 영어는 명사를 셀 수 있는 명사 와 셀 수 없는 명사로 나누는데, money는 셀 수 없는 명사입니다. 한국어에서도 "돈 세 개 있어?"라고는 쓰지 않죠. 때문에 money 앞에는 a를 붙이지 않고, 뒤에 s를 붙여 복수로 만들지도 않아요.

rich 돈이 많은

예 재은: **I bought a new smart phone.** 나 새 스마트폰 샀어.

민우: **Wow! You are rich.** 와! 너 부자구나.

돈이 많고 잘사는 것은 rich라고 합니다. 앞에 the를 붙여서 the rich라고 하면 '부자인 사람들 (= rich people)'을 뜻하는 표현이 됩니다. rich는 맛을 표현할 때 '풍부한'이라는 뜻으로도 써요. bought는 buy(사다)의 과거형이에요. 말하는 순간보다 과거에 있었던 일을 나타낼 때 쓰습니다.

poor 가난한

예 **Some countries are still poor.** 몇몇 국가들은 아직도 가난하다.

rich의 반대말은 poor라고 합니다. '가난한'이라는 뜻이기도 하고, '가엾고 불쌍한'이라는 뜻이 기도 해요. 또 '형편없는, 제대로 못하는'이라는 뜻으로도 씁니다. rich와 마찬가지로 the poor 라고 하면 '가난한 사람들(= poor people)'이 되지요.

cash 현금

(예) People don't carry cash any more. 사람들은 더 이상 현금을 가지고 다니지 않는다.

▶ carry 가지고 다니다

일반적으로 말하는 돈은 money라고 하고 그 중에서도 현금은 cash라고 해요. 요새는 신용카드나 체크카드를 많이 쓰기 때문에 지갑에 현금을 가지고 다니지 않는 사람이 많아졌어요.

coin 동전

(예) 새별: I am 50 cents short. 나 50센트 모자라.

서주: Oh, I have some coins. I will lend you. 어, 나한테 동전이 좀 있어. 내가 빌려줄게.

▶ short 부족한 lend 빌려주다

동전은 coin이라고 합니다. 돈(money)은 셀 수 없지만 동전은 셀 수 있어요. 즉, 동전이 한 개면 앞에 a가 붙고, 동전이 여러 개일 때는 뒤에 s를 붙여 복수로 말합니다.

bill 지폐

(예) I only have 50-dollar bills. 나는 50달러짜리 지폐뿐이야.

종이 돈인 지폐는 bill이라고 해요. 이것도 셀 수 있는 명사라 한 장이면 앞에 a가 붙고, 여러 장이면 뒤에 s를 붙여 복수형을 만들죠. 10달러 짜리 지폐는 10-dollar bill이라고 해요. 참고로 bill에는 계산서나 청구서라는 의미도 있답니다.

change 돈을 거슬러주다

(예) Do you have change for a 10-dollar bill? 너 10달러 지폐 바꿔 줄 돈 있니?

물건을 사서 거스름돈이 생기거나 또는 지폐를 동전으로 바꿀 때 change를 씁니다. change는 돈과 관련된 상황에서는 '(지폐나 동전으로) 바꾸다'라는 뜻이 있어요. 명사로는 '(바꾼) 잔돈, 거스름돈'이고 셀 수 없습니다.

make money 돈을 벌다

예 I want to make money to buy a new game set. 나돈 벌어서새게임세트를사고싶어.

여러분도 돈을 벌어 본 적 있나요? 아마도 심부름을 하고 용돈을 받거나 명절날 세뱃돈을 받아 봤을 거예요. make는 '~을 만들다'라는 뜻의 동사로, make money는 '돈을 만들다'라는 말입 니다. 돈을 만든다는 건 곧 돈을 버는 것을 말해요.

spend money 돈을 쓰다

예 It's hard to make money but easy to spend money. 돈을 버는 것은 힘들지만돈을 쓰는 것은 쉽다.
▶ hard 어려운

돈을 버는 건 어렵지만 쓰는 건 쉽다라는 말, 들어본 적 있나요? '돈을 쓰다'라고 할 때는 동사 spend를 씁니다. spend는 '시간을 보내다'라는 뜻도 있어요.

tax 세금

예 We all must pay tax. 우리는 모두 세금을 내야 한다.

여러분의 부모님은 다양한 종류의 세금을 국가에 내고 계실 거예요. 세금은 tax라고 하는데 앞 에 어떤 종류의 세금인지 붙여서 말합니다. 예를 들어 property tax(부동산세)처럼 말이죠. 캐나 다에서는 계산할 때 물건에 붙은 가격표보다 돈을 더 냅니다. consumption tax(소비세)라는 게 마지막으로 붙기 때문이죠. 나라에서는 이 세금으로 도움이 필요한 사람들에게 복지 혜택을 주 거나 가로등이나 신호등처럼 생활에 필요한 시설을 만들고 유지해요.

from hand to mouth 하루 벌어 하루 사는

예 Hungboo's family lived from hand to mouth. 흥부의 가족은 간신히 먹고만 살았다.

'간신히 먹고 살다, 하루 벌어 하루를 살다'라는 표현이에요. 따로 저장해 둘 여유가 없이 구하자 마자 바로 입으로 넣는다는 뜻에서 from hand to mouth라고 합니다.

save for rainy days 힘든 때를 대비하여 저축하다

(예) **You should save some for rainy days.**
힘들 때를 대비해서 조금은 저축해야 해.

save는 '(돈을) 저축하다, 모으다'라는 뜻이에요.
rainy days는 '비가 오는 날들'이라는 말인데 진
짜 비가 오는 날이라는 뜻이 아니라 힘들고 어려
운 시기를 나타내는 표현입니다.

bank 은행

(예) **Is there a bank in this neighborhood?** 이 동네에 은행이 있나요?

▶ neighborhood 주변에

돈을 모으거나 주고받는 일은 은행을 통해서 이루어지죠. 은행은 영어로 bank라고 합니다.

open a bank account 은행 계좌를 개설하다

(예) **I opened a bank account today.** 나는 오늘 은행 계좌를 개설했다.

은행에 가서 저축을 하려면 일단 은행 계좌가 있어야 해요. 은행 계좌는 bank account라고 해
요. 이 계좌를 새로 만들어서 여는 것은 open a bank account라고 해요. 따라서 계좌를 없앨
때는 open(열다)의 반대말인 close(닫다)를 씁니다. 이렇게 계좌를 만들면 돈이 들고 나는 내역
을 볼 수 있어요.

credit card 신용카드

(예) **I'd like to pay with my credit card.** 제 신용카드로 계산하고 싶어요.

부모님이 식당에서 밥을 먹고 카드로 결제하는 것을 본 적이 있지요? 신용카드는 영어로 credit
card라고 해요. 신용카드를 쓰면 카드로 먼저 물건을 사고 다음 달에 돈을 갚을 수 있어요. 은행
계좌에서 돈이 바로 빠져나가는 체크카드는 영어로 debit card라고 합니다.

foreign currency 외국돈(외화)

예 How much foreign currency can I send? 외화는 얼마나 보낼 수 있나요?

미국 돈인 dollar(달러)나 중국 돈 Yuan(위안) 같은 다른 나라의 돈은 '외화'라고 해요. 영어로는 foreign(외국의)과 currency(통화 : 사회에서 사용하는 화폐)를 합쳐서 foreign currency라고 말합니다.

exchange 교환하다

예 Where can I exchange dollars? 달러를 어디서 바꿀 수 있나요?

다른 나라의 돈, 즉 외화를 서로 바꾸는 것을 '환전하다'라고 해요. 영어로는 exchange라고 하지요. exchange는 원래 '교환하다'라는 뜻인데 돈과 관련되면 '환전하다'라는 뜻으로 써요. 한국 돈으로 1,100~1,200원이 미국 달러로 1달러쯤 되는데 이런 비율을 exchange rate(환율)이라고 해요. 이 환율은 매일 달라집니다. 여기서 미션! 은행에 가게 되면 환전 창구를 찾아 보세요. 또 공항에 가게 되면 '환전소'도 찾아 보세요.

생명이 있는 모든 것은 언젠가는 죽기 마련이지요. 누군가의 죽음을 슬퍼하는 마음을 '애도, 조의'라고 해요.

die 죽다

예 That artist died young. 그 예술가는 어려서 죽었다.

'죽다'는 영어로 die라고 해요. 가장 일반적으로 많이 쓰는 단어입니다.

pass away 세상을 떠나다

예 My grandfather passed away. He was 75. 우리 할아버지가 돌아가셨어. 할아버지는 75세셨어.

pass away는 '죽다'를 조금 돌려서 말하는 표현이에요. '세상을 떠나다, 돌아가시다' 정도로 해석하면 됩니다.

R.I.P. 편히 잠 드소서.

예 My dog Hunter died. R.I.P. 우리 개 헌터가 죽었다. 편히 쉬기를.

R.I.P.는 Rest in peace.의 줄임말이에요. '편히 잠 드소서'라는 말로, 묘비 비석에 자주 쓰는 문구죠. 옛날에는 묘비를 만들 때 글자 수만큼 돈을 냈기 때문에 글자를 줄이기 위해서 이렇게 줄임말을 썼다고 해요. 이 표현은 사람이나 동물, 생명이 있는 것에 다 쓸 수 있고, 최근에는 SNS나 인터넷 댓글에서도 쉽게 볼 수 있어요.

I'm sorry for your loss. 삼가 조의를 표합니다.

(예) 경호: My grandmother passed away. 우리 할머니가 돌아가셨어.

나리: I'm sorry for your loss. 조의를 표해.

I'm sorry for your loss.라고 말하면 '삼가 조의를 표합니다/고인의 명복을 빕니다'라고 그 사람의 죽음에 안타까운 마음을 전달할 수 있습니다. 여기서 I'm sorry는 미안하다는 뜻이 아니라 '안타깝다'라는 뜻이에요. your loss는 '당신의 상실, 당신이 잃은 것'이라는 말이에요. 그 사람이 죽어서 그 사람을 잃은 것이므로 이렇게 말합니다.

My condolences. 삼가 조의를 표합니다.

(예) 지영: My uncle passed away. 우리 삼촌이 돌아가셨어.

현준: My condolences. 고인의 명복을 빌어.

condolence는 '애도, 조의'라는 뜻으로, My condolences.라고 하면 '삼가 조의를 표합니다/고인의 명복을 빕니다'라는 말이에요.

죽어도
안 돼!

드라마나 영화를 보면 부모님이 자식의 의견을 반대하면서
'내가 죽으면 모를까 절대 안 돼!'라고 얘기하는 장면이 종종 나오죠.
그것을 영어로는 **Over my dead body!**라고 합니다. dead body는
'시체, 죽은 몸'이라는 뜻이고, over는 '~을 넘어'라는 뜻이라 over my dead body는
'내 시체를 넘어서(?) 해라'라는 아주 격한 표현이에요. 결국 '내가 죽기 전에는 절대 안 된다,
어림도 없다'라는 말이죠. '내 눈에 흙이 들어가기 전엔 절대 안 돼'라는
한국어 표현과 비슷한 뜻이죠.

비슷한 표현으로 **not in a million years**도 있어요.
'백 만년이 지나도 안 된다'라는 뜻으로 역시 '절대 안 된다'라는 말입니다.

Over my dead body! 절대로 안 돼!

나
죽으면
키워라!

야-옹

고양이
키우고 싶어요~

 휴대전화가 영어로 뭐지?

3

내 물건에
어울리는 **찰떡 표현**

- 주변 물건
- 스마트폰, 컴퓨터

주변 물건을 나타내는 표현

내가 매일 사용하는 물건들을 영어로 뭐라고 하는지 배워 봅시다. 최근에는 영어 단어를 그대로 쓰는 일이 많아서 익숙한 단어가 많을 거예요.

belongings 소지품

예 **Please make sure you put all your belongings in the locker.**
자기 소지품은 꼭 사물함에 넣으세요.
▶ make sure 확실하게 하다

'속하다'라는 뜻의 동사 belong에서 나온 명사로, '나에게 속한 물건=소지품'이라는 뜻이에요. 일상적으로는 my things나 my stuff라고 해도 '내 물건'이라는 뜻을 전달할 수 있지만 공고문이나 방송 등에서 정식으로 말할 때는 belongings라고 해요. 버스나 기차, 지하철에서 소지품을 다 챙겨서 내리라고 안내방송을 할 때 이 belongings를 자주 써요.

name tag 이름표

예 아빠: **Here is your new pencil case.** 여기 네 새 필통이다.

하은: **Thanks. I want to put my name tag there.** 감사해요. 거기에 제 이름표를 붙이고 싶어요.
▶ pencil case 필통

물건에는 이름을 쓰거나 이름표를 붙여서 자기 것이라는 표시를 하죠. 이름표는 영어로 name tag이에요. tag는 '꼬리표'라는 뜻으로, 상품에 붙어 있는 가격표나 브랜드 로고 같은 것을 말해요. 스티커 형태일 때는 name stickers라고도 합니다.

주변 물건

school bag	학교 가방	**mirror**	거울
lunch box	점심 도시락(통)	**desk**	책상
chair	의자	**watch**	손목시계
runners	운동화	**glasses**	안경
indoor shoes	실내화	**comb**	빗
locker	사물함	**notebook**	공책
blackboard	칠판	**pen**	펜
pencil case	필통	**eraser**	지우개

내 물건

스마트폰, 컴퓨터를 나타내는 표현

🎧 13.mp3

핸드폰(handphone)은 영어 단어지만, 실제 영어권에서 자주 쓰는 말은 아니에요. 잘못된 영어 표현, 다시 말해 콩글리시입니다. 이렇게 말해도 영어권 사람들이 알아 듣기는 하지만 제대로 된 표현을 알아두는 게 좋아요.

smart phone 스마트폰

예 서윤: **Do you have a cell phone?** 너 휴대전화 있니?

시온: **Sure! My mom got me the latest smart phone.** 응! 우리 엄마가 최신 스마트폰으로 사 주셨어.

▶ latest 최신의

미국에서는 휴대전화를 cell phone 혹은 cellular phone이라고 하고, 영국에서는 mobile phone이라고 해요. 최근에는 모든 사람들이 인터넷 기능과 고품질 카메라 기능이 있는 스마트폰을 쓰지요. 스마트폰은 영어로도 smart phone이라고 해요.

talk on the phone 전화로 얘기하다

예 아빠: **What are you doing?** 너 뭐 하니?

서아: **I'm talking on the phone with my friend Juna.** 저 지금 친구 주나랑 통화해요.

대화를 나누는 것은 talk(이야기하다)이라고 합니다. 뒤에 '전화로'라는 표현인 on the phone을 붙이면 전화로 대화를 나눈다는 뜻이 됩니다.

text 문자를 보내다

예 You texted me. I didn't see it. 너 나한테 문자 보냈었구나. 내가 못 봤어.

휴대전화로는 문자도 많이 보내죠. 문자는 영어로 text라고 합니다. 원래 text는 '글, 문서, 본문'이라는 뜻의 명사였는데, 여기에 휴대전화가 나오면서 '문자'와 '문자를 보내다'라는 뜻이 더해졌어요. '카톡해'도 Taxt me.라고 하면 돼요.

zoom in 확대하다

예 Zoom in on the sign. What does it say? 간판을 확대해 봐. 뭐라고 써 있어?
▶ sign 간판, 신호

태블릿 PC와 스마트폰에서 글씨가 잘 안 보이면 손가락으로 화면을 확대하게 되죠. 이렇게 화면을 확대하거나 축소하는 것은 zoom이라는 동사를 써서 얘기해요. 원래 zoom은 카메라의 렌즈를 두고 쓰는 말이었는데 이제는 스마트폰 화면에도 쓰고 있어요. zoom in은 더 잘 보기 위해서 확대하는 것을 말하고, 반대말인 zoom out은 작게 축소하는 것을 말해요.

take a picture 사진을 찍다

예 Please wait. Let me take some pictures first. 잠깐만 기다려. 먼저 사진 좀 찍을게.
▶ first 우선, 먼저

요새는 디지털 카메라를 따로 가지고 다닐 필요가 없을 정도로 휴대전화에 품질 좋은 카메라가 들어 있어요. '사진'은 picture나 photo라고 하고 '사진을 찍다'라고 할 때 동사는 take를 씁니다.

selfie 셀프 카메라

예) 민아: **Are you going to take a selfie here?** 너 여기서 셀카를 찍으려고?

동윤: **Of course!** 물론이지!

스스로 찍는 자기 사진은 '셀카'라고 하지요? 셀프 카메라 (self camera)의 줄임말인데 이것도 대표적인 한국식 영어, 콩글리시예요. 실제 영어권에서는 쓰지 않는 말이죠. 영어로는 selfie라고 해요. '자기 자신'이라는 뜻의 self에서 나온 표현이죠. 셀피 역시 사진을 찍는 거니까 동사 take 와 함께 씁니다.

click 마우스를 누르다

예) 호수: **The computer seems to stop.** 컴퓨터가 멈춘 것 같아.

재은: **Why don't you click 'Next' button?** 다음 버튼을 눌러보지 그래?

컴퓨터의 마우스를 아이콘에 가져가서 누르는 것을 '클릭하다'라고 하지요. 이 자체로도 무슨 말인지 알 수 있지만 한국어로 굳이 해석하자면 '누르다'라는 말이에요. click은 '누군가와 처음부터 잘 통하다'라는 뜻으로도 써요.

play a game 게임을 하다

예) 지우: **What are you doing on your phone?** 너 전화기로 뭐 하는 거야?

현준: **Oh, I'm playing my favorite game.** 아, 내가 좋아하는 게임을 하고 있어.

▶ favorite 좋아하는

여러분도 휴대전화로 게임 많이 하죠? 게임은 동사 play와 함께 써요.

download an app 앱을 내려받다

예 동우: **How come I don't have that app?** 왜 나는 그 앱이 없지?

서린: **Oh, you have to download it.** 어, 그거 내려받아야 돼.

스마트폰을 제대로 이용하려면 이런 저런 응용 프로그램을 내려받아야 해요. 우리가 '앱'이라고 부르는 app은 application의 줄임말로 '응용 프로그램'이라는 뜻이에요. 파일이나 사진, 앱을 내려받는 것은 영어로 download라고 합니다. 컴퓨터에서 파일을 받을 때도 이 download라는 단어를 써요.

내 물건

upload a file 파일을 올리다

예 **Please click the upload button if you want to attach a file.**
파일을 첨부하려면 올리기 버튼을 누르세요.
▶ attach 첨부하다

'파일을 올리다, 업로드하다'는 인터넷에 글을 쓸 때 파일을 첨부하거나 이메일에 문서나 사진을 첨부하는 것을 말합니다. 내려받을 때는 down 이라는 단어를 써서 download라고 하고, 올릴 때는 반대말인 up을 써서 upload라고 해요. 이 표현 역시 영어 그대로 '업로드하다'라고 많이 쓰지요.

upload

SNS 소셜 네트워킹 서비스

예 **Everyone has at least one SNS app on their phone.**
모든 사람들이 전화기에 적어도 한 개의 SNS 앱을 가지고 있다.
▶ at least 적어도

여러분이 사용하는 페이스북(Facebook)이나 카카오 스토리(Kakao Story), 인스타그램(Instagram), 스냅챗(Snapchat), 틱톡(Tik Tok) 등이 바로 대표적인 SNS 브랜드랍니다. SNS는 social networking service의 줄임말이에요. social은 '사회의, 사교적인'이라는 뜻의 형용사예요. 사용자들이 서로 친해지면서 인맥이 생기니까 social networking service(사회 관계망 서비스)라고 불러요.

open an account 계정을 만들다

예 I downloaded Instagram. I will open an account.
나 인스타그램 내려받았어. 계정을 만들 거야.

SNS 앱을 사용하려면 회원가입을 해야 합니다. 영어로는 이것을 '계정을 열다'라고 생각해서 open an account라고 해요. '계정'은 account, '열다'는 open이죠. 은행 계좌를 개설하는 것을 open a bank account라고 했던 것 기억하나요? 원래 account는 '계좌, 고객'이라는 뜻인데 요즘엔 '계정'이라는 뜻이 추가됐어요.

hashtag 해시태그

예 Your hashtags are always fun to read. 네 해시태그는 항상 읽는 재미가 있어.

블로그나 인스타그램에 사진과 글을 올린 후 관련 있는 단어로 해시태그를 걸면 그 단어를 검색한 사람들이 내 글을 보게 되죠. # 기호를 영어로 hash 또는 pound라고 하는데, 이 기호 옆에 검색어를 넣으면 링크가 생겨요. 이것을 hashtag(해시태그)라고 한답니다. tag는 '꼬리표'란 뜻이니까 해시태그는 '# 꼬리표'를 단 검색어라는 뜻이 되겠죠.

아이디: darak123
해시태그 #셀카 #selfie #다락초등학교
grace01 댓글 1: 너 셀카 중독이야 ㅋㅋ
jangdeagam 댓글 2: ㅋㅋㅋㅋㅋ

post 글을 올리다

예 I want to post this picture on my Instagram. 나이 사진 내 인스타그램에 올리고 싶어.

SNS나 인터넷에 글을 올리는 것은 post라고 해요. 그래서 새 글이나 사진이 올라오면 new post라는 알림이 뜨죠. post는 원래 명사로는 '기둥, 우편물'이라는 뜻이고, 동사로는 '편지를 부치다, (안내문을) 게시하다'라는 뜻이 있어요. 즉, 인터넷에 글이나 사진을 올리는 것 역시 post인 거죠.

reply 대답하다

(예) Don't reply to any malicious comments. Just delete them.
악플에 답을 달지 마. 그냥 삭제해.

▶ delete 삭제하다

우리는 인터넷을 댓글을 리플이라고 하지요. 이 말은 바로 영어 reply에서 나온 콩글리시예요. 원래 reply는 동사로는 '답장을 보내다, 응답하다'라는 뜻이고 명사로는 '답변'이라는 말이에요. 그래서 누가 쓴 댓글(comment)에 대한 답변을 달 때도 reply라고 해요. 뒤에 전치사 to(~에게)를 붙이면 누구에게 응답을 했는지 표현할 수 있어요.

내 물 건

comment 댓글

(예) 혜은: I posted a comment under the news. 나 그 뉴스 기사에 댓글 달았어.

은우: A good one? 좋은 거?

인터넷 게시글에 댓글을 다는 것을 영어로는 comment한다고 해요. comment는 '의견을 내다, 댓글을 달다'라는 동사와 '의견, 댓글, 논평'라는 명사 양쪽으로 다 씁니다. 원래는 어떤 사안에 자신의 의견을 말하는 것을 의미했는데 이제는 인터넷에서도 의견을 주고받기 때문에 그런 행동을 모두 comment라고 합니다.

malicious comment 악성 댓글

(예) The singer got hurt by many malicious comments. 그 가수는 많은 악플에 상처를 받았다.

'악플'이라는 건 '악성 리플'의 줄임말로, 보는 사람에게 상처를 주는 나쁜 댓글을 말해요. 영어로는 '악의적인, 심술 궂은'이라는 뜻의 형용사 malicious를 붙여서 malicious comment라고 해요.

video streaming service 동영상 스트리밍 서비스

예 Do you watch YouTube videos a lot? 너 유튜브 많이 봐?

streaming은 동영상이나 음악을 인터넷을 통해 실시간으로 재생하는 기술을 말해요. 이런 서비스를 제공하는 사이트로 가장 유명한 곳이 YouTube입니다. 내가 찍은 영상을 올려서 다른 사람과 공유하고 댓글로 소통하는 거예요.

Wi-Fi 무선 인터넷

예 The Wi-Fi here is very weak. 여기 와이파이가 너무 약해.
　▶ weak 약한

한국은 어디서나 wi-fi가 잘 터지는 것으로 유명한 나라예요. wi-fi는 wireless fidelity의 줄임말로 선 없이 연결되는 인터넷을 말해요. 외국도 대도시에서는 와이파이가 잘 공급되는 편이지만 유료인 경우가 많아요. 와이파이는 wifi/WIFI/Wi-Fi 등으로 다양하게 표기해요.

우리 집은 내 집,
우리 가족은 내 가족!

우리 엄마는 영어로 our mom이 아니라 **my mom**라고 합니다.

'우리'는 나뿐만 아니라 내 말을 듣는 사람, 그 외의 여러 사람들을 포함하는 말입니다.

즉, 영어로 our mom라고 하면 내 형제가 아닌 사람까지 포함해서

우리의 엄마라는 말이 되어버리는 거죠. 하지만 한국어로는 '내 엄마'라는 말이 어색하죠.

아마 한국은 오랜 역사를 거치면서 사람들끼리 공동체 의식을 강하게 가지게 되어서

'내 집, 내 나라' 보다는 '우리 집, 우리나라'가 더 자연스럽게 들리게 된 것 같아요.

그러니 영어로 **my family**라고 써있어도 '우리 가족'이라고 해석해도 됩니다.

영어와 한국어는 문화적, 사회적 배경이

다른 언어니까 그 점을 이해하고 각 언어에 맞게 해석하세요.

우리 딸~ The apple of my eye!

우리 아빠가
왜 이러실까

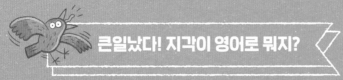

학교생활에
어울리는 **찰떡 표현**

- 학교생활
- 공부

학교생활을 나타내는 표현

🎧 14.mp3

여러분의 하루에서 대부분의 시간을 차지하는 학교! 초등학교는 elementary school, 중학교는 middle school, 고등학교는 high school이라고 해요.

go to school 학교에 가다

예 I go to Darak Elementary School. 나는 다락 초등학교에 다녀.

여러분도 매일 학교에 가요. 학교에 간다고 할 때는 '가다'라는 뜻의 동사 go를 씁니다. 어디로 가는지는 전치사 to를 go 뒤에 붙여서 말해요. 특정 학교를 말할 때는 예시처럼 대문자로 씁니다.

be late 지각하다

예 해민: I'm late for school, Mom! 엄마, 저 학교 늦었어요!

엄마: Hurry up! 서둘러라!

▶ hurry 서두르다

late는 '늦은'이라는 뜻의 형용사예요. be동사 뒤에 late을 써서 약속 시간에 늦었다는 것을 얘기합니다. late 뒤에 전치사 for랑 연결해서 어디에 늦었는지 말할 수 있어요.

be absent 결석하다

예 Jimin is absent today. 지민이가 오늘 결석했어.

absent는 '결석한, ~에 가지 않은'이라는 뜻의 형용사예요. 학교에 결석했을 때나 회사에 결근하는 것이나 어떤 모임이나 회의에 오지 않았다는 의미로 써요. 또는 '놓치다'라는 뜻의 동사 miss를 쓰기도 해요. miss class는 '수업을 놓치다'라는 뜻인데 곧 수업에 결석했다는 말이죠.

take attendance 출석을 확인하다

예 선생님: **I will take attendance, now. Hasung!** 자, 출석 확인할게요. 하성이!

하성: **Here!** 여기요!

attend는 '참석하다, 출석하다'라는 뜻의 동사로, '수업에 출석하다'는 attend class라고 해요. attend에서 나온 명사인 attendance는 '출석, 참석'이라는 뜻입니다. 학생들 이름이 적힌 '출석부'는 attendance sheet라고 해요. 선생님께서 아침에 이름을 부르면서 학생들이 다 왔는지 확인하는 것은 take attendance(출석을 확인하다)라고 합니다. 내 이름이 불리면 '네'라고 대답하지요? 영어로는 '여기 있어요'라는 의미로 Here!라고 해요.

take a   class   수업을 듣다

예 **I take an art class on Tuesdays.** 전 화요일마다 미술 수업을 들어요.

학교나 학원에서 '수업을 듣다'라고 할 때 동사는 take를 쓰고, 과목 이름을 말하고 뒤에 class나 lesson을 붙여요. take a piano lesson(피아노 수업을 듣다)처럼요.

in Grade   학년

예 삼촌: **What grade are you in?** 너 몇 학년이니?

현아: **I'm in Grade 3.** 저 3학년이에요.

grade는 '성적, 등급, 학년'이라는 뜻의 단어예요. 학년을 말할 때는 전치사 in과 함께 써요. 1학년은 in Grade one이나 in the first grade라고 합니다. 2학년, 3학년도 각각 in Grade two[three] 또는 in the second[third] grade로 말할 수 있어요.

daycare 어린이 집, 방과 후 돌봄교실

(예) **I go to daycare after school.** 전 학교 끝나고 돌봄교실에 가요.

daycare는 7세 이하의 어린이들이 다니는 어린이 집을 뜻하기도 하고, 초등학생이 학교 수업을 마치고 가는 곳을 말하기도 합니다. 단어를 그대로 풀이하면 낮에(day) 돌봐 주는(care) 곳이에요. 미국과 캐나다의 유치원은 보통 12시 전에 끝나기 때문에 부모님이 바로 데리고 갈 수 없는 경우에는 daycare에 가기도 해요.

after school activities 방과 후 활동

(예) 서연: **What kind of after school activities do you do?** 너는 어떤 종류의 방과 후 활동을 하니?
민준: **I play soccer.** 난 축구를 해.
▶ what kind of A 어떤 종류의 A

미국과 캐나다의 초등학교는 보통 3시 30분에 끝나요. 바로 집에 가는 학생도 있고, 방과 후 활동을 하는 학생도 있어요. 이런 활동을 after school activities라고 합니다. after school(학교 수업이 끝난 후에)과 activities(활동들)가 합쳐진 단어죠.

tutoring 과외 교습

(예) **I have math tutoring today.** 나 오늘 수학 과외가 있어.
▶ math(=mathematics) 수학

미국과 캐나다에서도 과외 교습을 합니다. 주로 국어, 수학, 과학 과목의 교습을 하지요. 영어로는 '개인 교습'이라는 뜻의 tutoring이라는 단어를 써요. '개인 교습을 하다, 과외로 가르치다'라는 뜻의 동사 tutor에서 나온 말입니다. tutor는 명사로 '가정교사'라는 뜻도 있어요. 또는 private lessons(개인 과외)라고도 해요.

출 - 발!

SCHOOL BUS

parent-teacher meeting 학부모 상담

예 연준: When is the parent-teacher meeting for us? 우리 학부모 상담은 언제예요?

엄마: That is scheduled for tomorrow. 그건 내일로 일정이 잡혀 있어.

미국과 캐나다의 학교들은 보통 성적표(report card)가 나오면 바로 학부모 상담을 합니다. 이것을 parent-teacher meeting이라고 해요. parent는 부모(엄마 아빠 중 한 사람), teacher는 선생님, meeting은 회의를 뜻하죠. 약 15분씩 아이들의 학교 생활을 상담합니다. 학생이 부모님께 교실에서 하는 활동을 소개하는 방법으로 학부모 상담을 하는 학교도 있어요. 그런 것은 parent-teacher conference(학부모 회의)라고 해요.

학교생활

assembly 조회

예 We have an assembly tomorrow at nine. 우리 내일 조회가 9시에 있어.

제가 어릴 때는 일주일에 한 번 운동장에서 조회를 했었어요. 요즘은 각 교실에서 모니터로 조회를 하지요. 다른 나라의 학교도 한 달에 한 번 정도 조회를 합니다. 주로 체육관(gym) 겸 강당에서 해요.

student council 학생회

예 This event is run by the student council. 이 행사는 학생회에서 주최합니다.

▶ event 이벤트, 행사   run 운영하다

council은 명사로 '의회, 위원회'라는 뜻이고 student council은 '학생회'를 말합니다. 학생회장이나 부회장 같은 학생회에 소속된 사람들은 student council members라고 해요.

parent council 학부모회

예 There is a parent council meeting tomorrow. 내일 학부모회 회의가 있어요.

미국과 캐나다에는 학부모 모두가 참여하는 학부모회가 있습니다. 학교마다 이름은 조금씩 다를 수도 있지만 학부모회는 학교를 위해 여러 행사를 해요.

graduate 졸업하다

예 I graduated from Darak Elementary School. 나는 다락 초등학교를 졸업했어.

'졸업하다'는 graduate라는 동사를 써요. 뒤에 from을 연결해서 어떤 학교를 졸업했는지 말할 수 있습니다. 이 동사에서 나온 '졸업'이라는 명사는 graduation이라고 하고, 졸업식은 graduation ceremony라고 하지요.

honor roll 우등생 명단

예 Are you on the honor roll? 너 우등생 명단에 들었니?

honor는 원래 '명예, 영광'이라는 뜻인데, 공부와 관련해서는 '우등, 포상'이라는 뜻이에요. 우수한 성적을 내는 것이 영광스러운 일이기 때문인 것 같아요. 우등생 명단은 honor roll이라고 하고, 우등생은 honor roll student라고 하지요. 우등생으로 졸업하면 graduate with honors라고 한답니다. 우등생 명단은 Dean's list(교장의 명단)라고 하기도 해요. 교장 선생님께서 상을 주기 때문인가 봐요.

공부를 나타내는 표현

🎧 15.mp3

과목 이름은 항상 대문자로 써요. 하나밖에 없는 고유명사라서 그렇습니다. 여러분은 어떤 과목을 가장 좋아하나요?

study 공부하다

예 I have to study English. 난 영어 공부를 해야 한다.

여러분은 부모님으로부터 공부하라는 말을 많이 들을 거예요. 영어로 '공부하다'는 study라고 합니다. 명사로는 '공부'라는 뜻이에요. 참고로 self-study는 스스로 하는 공부 즉, '자습, 독학'이라는 뜻이에요.

report card 성적표

예 Mrs. Ahn will give out a report card soon. 안 선생님께서 성적표를 곧 나눠 주실 거야.
▶ give out 나누어 주다

report는 동사로는 '보도하다, 보고하다'라는 뜻이고 명사로는 '보고'라는 말이에요. 즉, 선생님이 학부모에게 학생에 대해서 보고하는 표가 바로 성적표인 거죠.

take an exam 시험을 보다

예 There is a national test next week. 다음 주에 전국 시험이 하나 있다.
▶ national 전국적인

토익이나 토플, 아이큐 테스트, 전국 학력고사처럼 여러 사람이 동일한 조건으로 치는 시험은 test고, 각 학교에서 보는 시험은 exam이라고 해요. 중간고사는 mid-term exam, 학기 마지막에 보는 기말고사는 final exam, 수업 시간에 보는 쪽지 시험은 quiz라고 합니다.

major 전공

예 서준: **What is your sister's major?** 너네 언니 전공이 뭐야?

민서: **Computer Engineering.** 컴퓨터 공학이야.

대학교를 가면 분야를 정해서 공부하게 되는데 그걸 '전공'이라고 해요. 영어로는 major라고 합니다. major는 동사로도 쓸 수 있는데 뒤에 전치사 in과 같이 써서 I major in English.(나는 영어를 전공해.)처럼 무엇을 전공하는지 말할 수 있어요.

hardworking 열심히 하는

예 **Jack is very hardworking. Probably the most hardworking student in my class.** 잭은 매우 성실해. 아마도 우리 반에서 가장 열심히 하는 학생일 거야.

▶ probably 아마도

hardworking은 hard(열심히 하는)와 working(일하는)을 합친 단어예요. '성실한'이라는 뜻의 다른 형용사로는 diligent도 있는데 미국과 캐나다에서는 hardworking을 더 많이 써요. 단어 그대로 뭐든지 열심히 한다는 말이에요. work는 공부나 해야 할 일을 의미합니다.

concentrate (정신을) 집중하다

예 **Stop talking. I can't concentrate.** 그만 좀 말해. 집중이 안 되잖아.

concentrate는 쉬운 단어가 아니지만 알아 두면 유용하게 쓸 수 있어요. 뒤에 전치사 on과 연결해서 무엇에 집중하는지 말해 보세요.

focus (관심이나 주제에) 집중하다

예 Let's focus on the topic. 우리 주제에 집중하자.

▶ topic 주제

focus는 앞에 나온 concentrate와 비슷하게 '집중하다'라는 뜻이에요. focus는 주로 어떤 주제나 흥미, 관심사에 집중하는 것을 말해요. 카메라 렌즈의 초점을 맞추는 것 역시 focus라고 하지요. focus 뒤에 전치사 on과 연결해서 무엇에 집중하는지 말할 수 있어요.

distract 정신을 산만하게 하다

예 Stop it. You're distracting me. 그만해. 너 지금 나를 정신 사납게 하고 있어.

공부해야 하는데 자꾸 동생이 옆에서 떠들면 집중이 안 되겠죠. 이렇게 집중을 방해하고, 정신을 산만하게 만드는 것을 영어로는 distract라고 합니다. track은 '길, 선로'라는 뜻인데, 앞에 부정을 뜻하는 dis가 붙으면 가던 길에서 벗어났다는 뜻이 됩니다.

smart 똑똑한

예 우준: Tell me about your sister. 네 언니에 대해서 말해 줘.

현서: Oh, she's very smart and nice. 어, 언니는 아주 똑똑하고 착해.

이 단어는 스마트폰 덕분에 익숙하죠? 스마트폰은 smart와 phone을 합쳐서 '똑똑한 전화기'라는 뜻이니까요. 참고로 bright라는 단어도 '명석한, 똑똑한'이라는 뜻인데 주로 아이들에게 씁니다.

quick learner 빨리 배우는 사람

예 Ian is a quick learner. He already plays the piano pretty well.
이안은 빨리 배우는 사람이다. 그는 벌써 피아노를 꽤 잘 친다.

▶ pretty 꽤   well 좋은, 잘하는

무엇이든 빨리 배우는 사람들이 있지요? 그런 사람들을 영어로는 quick learner라고 한답니다. '배우다'라는 뜻의 동사 learn에서 나온 명사인 learner는 '배우는 사람'이라는 뜻이에요. 그 앞에 '빠른'이라는 뜻이 형용사 quick을 붙이면 '빨리 배우는 사람'이 되는 거죠.

 교과 과목

English	영어	Art	미술
Social Studies	사회	Music	음악
Science	과학	History	역사
Mathematics	수학	Geography	지리
Physical Education	체육	Home Economics	가정

학교에서
파자마 파티를?!

미국이나 캐나다의 일부 학교에는 모든 학생들과 선생님들이 잠옷을 입고 등교하는

파자마를 입는 날(Pajama Day)이 있어요. 잠옷을 입고 모여서 노는 파자마 파티처럼

간식도 먹고 함께 노는 날이죠. 그렇다면 학교에서 진짜로 하룻밤 자는 걸까요?

안타깝지만 그건 아니에요. 파자마를 입고 학교 일과를 마치면 집으로 돌아가는 것은 똑같답니다.

매일 교복이나 일상복을 입고 가는 학교지만 이 날만큼은 편한 잠옷을 입고

편한 마음으로 하루를 보낼 수 있는 거죠.

Tomorrow is Pajama Day,
so everyone, wear pajamas to school.

내일은 파자마 데이니까 모두 잠옷을 입고 학교에 오세요.

자, 게임을
해 볼까~~

만나서 반가워! Nice to meet you!

인사_에
어울리는 **찰떡 표현**

- 인사
- 감사함, 미안함

인사할 때 쓰는 표현

🎧 16.mp3

우리는 하루를 시작하고 마칠 때 인사를 합니다. 웃는 얼굴로 건네는 인사는 하는 사람도 받는 사람도 기분 좋게 하지요. 영어로는 어떻게 인사하는지 알아볼까요?

Good morning. 안녕. (오전)
Good afternoon. 안녕. (오후)
Good evening. 안녕. (저녁)

예 지후: Good morning! 안녕!

수빈: Good morning! 안녕!

영어는 오전, 오후, 저녁 인사가 각각 달라요. 만난 시간에 따라 다른 인사말을 쓰지요. morning 은 '아침, 오전'이라는 뜻이고, afternoon은 '오후', evening은 '저녁'이라는 뜻이에요.

Hello. 안녕.
Hi.

예 서현: Hi. 안녕.

현진: Hello! 안녕!

이 두 표현은 시간에 상관없이 쓸 수 있는 인사말 이에요. Hello는 전화를 받을 때 '여보세요'라는 말 로도 써요.

Good morning!
안녕!

얘들아 어서와~

학교

Hi~ 안녕~

How are you? 잘 지내지?

예 건우: Good morning! How are you? 안녕! 잘 지내지?
재인: Great! Thanks. 잘 지내! 고마워.

만나서 인사를 하고 난 다음에는 어떻게 지냈는지 안부를 물어보게 되지요. How are you? 말고도 How are you doing?이나 How's it going? 역시 안부를 묻는 표현이에요. 진짜 어떤지 묻는 말이라기보다는 그냥 인사 같은 거예요. 그러니 Pretty good.(잘 지내.)이나 Great.(좋아.)이라고 가볍게 대답하면 됩니다.

Nice to meet you. 만나서 반가워.

예 지수: My name is Jisu. Nice to meet you. 내 이름은 지수야. 만나서 반가워.
유미: I'm Yumi. Nice to meet you, too. 나는 유미야. 나도 만나서 반가워.

누군가를 처음 만나면 만나서 반갑다고 인사를 하죠. 자기소개를 할 때 항상 쓰는 표현이에요.

인사

Long time no see. 오래간만이야.

예 시우: Hey! Long time no see. 안녕! 오래간만이다.
병현: Yeah, how are you? 응. 잘 지내?

원래 알던 사람을 오랜만에 만났을 때 쓰는 표현이에요. 오랫동안(Long time) 못 봤다(no see)는 말이죠. 일상적인 표현으로 편한 사이에서 씁니다. hey도 '야, 저기, 안녕'이라는 뜻으로 편한 친구 사이에서 가볍게 쓰는 인사예요.

It's been a long time. 오래간만이에요.

예 세희: Hi, it's been a long time. 안녕, 오래간만이야.
지니: Yeah, nice to see you again. 응, 다시 봐서 반가워.

Long time no see. 보다 약간 더 예의가 바른 표현이에요. 일상에서 말할 때나 문자, 이메일 등 어디서든 쓸 수 있어요.

Good bye! 잘가!

(예) 규범: **Good bye!** 잘가!

수민: **Bye!** 안녕!

헤어질 때 쓰는 인사말이에요. good을 떼고
bye만 쓰기도 합니다.

So long! 그럼, 안녕!

(예) 재일: **So long!** 그럼, 안녕!

희서: **Bye!** 안녕!

역시 헤어질 때 하는 인사인데 bye랑 똑같은 뜻이에요. 인사는 다양하게 알아두고 번갈아 가며
써 보세요.

See you later! 나중에 보자!

(예) 이현: **See you later! Bye!** 나중에 보자! 안녕!

세나: **Bye, bye! See you!** 안녕! 또 봐!

곧 만날 사이라면 헤어지면서 '또 보자'라고 말하죠. 이것은 See you.(또 보자.)라고 하는데 뒤에
시간을 나타내는 단어를 붙이면 '그 시간에 또 보자'라는 말이 됩니다. See you 뒤에 later.(나중
에)나 tomorrow(내일), next week(다음 주) 등을 뒤에 붙여 말해 보세요.

Have a good weekend. 주말 잘 보내.

(예) **Have a good weekend. See you on Monday.** 주말 잘 보내. 월요일에 보자.

▶ weekend 주말

금요일에 하는 인사예요. good 자리에 great(좋은)이나 wonderful(멋진) 같은 꾸미는 말을 넣어
도 됩니다. 예를 들어 방학식 날에 친구에게 인사할 때는 Have a wonderful vacation!(즐거운
방학 되기를!)이라고 할 수 있는 거죠. 여행을 가는 친구에게는 Have a great trip!(여행 잘 갔다 와!)
이라고 인사해 보세요.

Good night. 잘 자.

예 Good night. 잘 자.

자기 전에 '잘 자'라는 인사로는 Good night.을 제일 많이 써요. 좋은 밤이 되라는 말이니까 '잘 자'라는 뜻이지요.

Sleep tight! 푹 자렴!

예 소민: Good night, Daddy. 아빠, 안녕히 주무세요.

아빠: Sleep tight, sweetie. 잘 자렴, 우리 딸.

▶ sweetie 소중한 사람을 부르는 애칭

Sleep tight!은 '잘 자!'라는 인사로 주로 부모님이 아이에게 쓰는 말이에요. tight는 원래 '꽉 끼는'이라는 뜻의 형용사인데 '이불을 차지 말고 꽉 몸에 감싸고 자라'라는 뉘앙스로 생각하면 됩니다. 같은 의미로 Sweet dreams!(좋은 꿈 꿔!)도 자기 전 인사로 많이 씁니다.

인사

감사함, 미안함을 나타내는 표현

🎧 17.mp3

'감사합니다, 미안합니다.'는 쓸 일이 아주 많은 인사말입니다. 한국 사람들은 감사 인사나 사과 표현을 쑥스러워할 때가 많은데, 외국인들은 일상적으로 자주 씁니다. 다양한 표현이 있으니 상황에 맞게 골라 써 보세요.

Thank you. 고마워.

예 현민: This is for you. 이거 너를 위한 거야.

미래: Oh, thank you very much! 어, 정말 고마워!

'고맙다, 미안하다'는 일상에서 아주 많이 쓰는 말이에요. 또 '수고하셨습니다'라고 해야 할 때 역시 영어로는 Thank you.라고 하면 됩니다. 학교에서 선생님에게 제일 많이 쓰는 표현도 Thank you.입니다. 뒤에 very much(매우 많이)를 붙이면 '매우 고맙습니다'라는 말이 됩니다.

Thanks. 고마워.

예 유연: You can use this glue. 이 풀 써도 돼.

채린: Thanks. 고마워.

▶ glue 풀, 접착제

Thank you.보다 조금 더 편하고 일상적으로 고마움을 전할 때는 Thanks.라고 해요. 친구 사이나 가족에게 많이 써요. Thanks 뒤에 a lot(많이)이나 a million(백만)을 붙이면 '정말 고마워'라는 말이 됩니다. a million은 '백만'이라는 뜻인데 아주 큰 숫자니까 '아주 많이'라는 뜻이 되지요.

Thanks!

thank A for B A에게 B에 대해 감사하다

(예) Thank you for inviting me. 나를 초대해 줘서 고마워.

thank는 '~에게 감사하다'라는 뜻의 동사예요. 그래서 A 자리에는 고마움을 전할 사람을 쓰지요. 고마운 일은 B 자리에 넣으면 됩니다.

I appreciate it. 고맙습니다.

(예) Thank you for helping me. I really appreciate it. 날 도와줘서 고마워. 정말 고마워.

예의를 차려서 고맙다고 말하고 싶으면 이 표현을 쓰세요. appreciate은 '진가를 알아보다, 고마워하다'라는 뜻의 동사예요. 여기서 it은 상대방이 베푼 친절함 혹은 도움을 의미합니다.

You're welcome. 천만에.

(예) 건후: Thanks for this present. 이 선물 고마워.
　　나은: You're welcome. 별 말씀을.
　▶ present 선물

You're welcome.은 '아니야, 별 말씀을, 천만에' 정도로 해석하면 됩니다. 감사 인사를 받고 나서 대답을 안 하면 예의 없는 사람으로 보일 수 있어요. 누군가 나에게 고맙다고 하면 꼭 You're welcome.이라고 대답하는 것 잊지 마세요!

My pleasure. (돕게 되어) 기뻐.

(예) 재현: Thanks for your help. 도와줘서 고마워.
　　나래: My pleasure! 다행이야!

감사 인사에 대한 대답으로 You're welcome.과 함께 많이 쓰는 표현이 My pleasure.입니다. pleasure는 '즐거움, 기쁨'이라는 뜻이에요. 즉, My pleasure.는 '(도울 수 있어서) 내가 기쁘다, 다행이다, 기꺼이'라는 뜻이에요.

I'm sorry. 미안해.

예 인태: Oh, I'm sorry. 아, 미안해.

지현: That's OK. 괜찮아.

미안하다고 할 때는 sorry만 알면 됩니다. sorry는 형용사로 '미안한, 유감스러운'이라는 뜻이에요. I'm sorry. 에서 I'm을 떼고 Sorry.라고도 합니다. 이건 주로 친구 사이에서 써요.

sorry for ~해서 미안하다

예 I'm sorry for calling you so late. 너무 늦게 전화해서 미안해.

▶ call 전화하다

'~해서 미안하다'라고 말하고 싶을 때는 sorry 뒤에 for를 붙여서 미안해 하는 내용을 덧붙여요. 뒤에 명사나 동명사(동사 끝에 ing를 붙인 것)가 나올 수 있어요.

I apologize. 사과드려요.

예 현우: I apologize for my behavior. I will never do it again.

제 행동에 대해 사과드려요. 다시는 안 그럴게요.

선생님: Apology accepted. 사과 받아들일게.

▶ apology 사과   accept ~을 받아들이다

I'm sorry.라고 사과하는 것으로 충분하지 않을 때도 있지요. apologize는 '사과하다'라는 동사예요. I apologize.는 I'm sorry.보다 더 진지하고 예의를 갖춘 사과의 말이에요. I apologize. 뒤에 전치사 for를 쓰고 뭐가 미안한지 더 길게 말할 수도 있어요.

I owe you an apology. 나 너한테 사과할 게 있어.

예 지운: Mom, I owe you an apology. 엄마, 죄송한 일이 있어요.

엄마: What happened? 무슨 일이 있었니?

▶ happen 어떤 일이 발생하다

죄송…

owe는 '~에게 빚지고 있다, 갚을 게 있다'라는 뜻이고 apology는 '사과'라는 뜻이에요. 그래서 I owe you an apology.는 '나는 너에게 사과를 빚지고 있다 → 내가 너에게 사과를 해야 한다'라는 뜻이 되지요.

나중에 보자,
악어야!

헤어지면서 '나중에 보자'라고 할 때 제일 많이 쓰는 표현은 See you later.입니다.

이것을 **See you later, Alligator!**(나중에 보자, 악어야!)라고도 해요.

later[레이러]와 alligator[앨리게이러]의

발음이 비슷한 것을 이용한 말장난입니다. 이렇게 비슷한 발음이

여러 번 반복되게 맞추는 것을 라임(rhyme)이라고 해요.

래퍼들이 랩 가사에서 자주 이 라임을 맞춰서 리듬감을 만들고 재미를 주죠.

라임을 맞춘 표현은 외우기도 쉬워요.

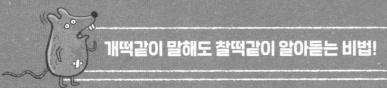
개떡같이 말해도 찰떡같이 알아듣는 비법!

6

의사소통에
어울리는 찰떡 표현

- 말하기_기본
- 말하기_추가
- 소식, 소문
- 행운

말에 대한 기본 표현

🎧 18.mp3

내 의견을 잘 전달하는 것은 어느 나라에서나 아주 중요하게 생각하는 부분이에요. 사람은 늘 누군가와 의사소통을 해야 하니까요. 이번에는 말하기와 관련된 기본적인 표현을 알아 볼게요.

say ~을 말하다

예 태양: **What did John say?** 존이 뭐라고 말했어?

지온: **He said that he would be late.** 자기가 늦을 거라고 얘기했어.

say는 '~을 말하다'라는 뜻을 가진 가장 대표적인 동사예요. 뒤에 [to+사람]을 붙이면 '~에게 말하다'라는 뜻이 됩니다. said는 '말했다'라는 뜻으로, say의 과거형 동사입니다.

talk 말하다

예 나루: **Who did you talk with?** 너 누구랑 얘기했어?

수성: **Oh, I talked with Jiwoo about the test.** 어, 지우랑 시험에 대해서 얘기했어.

talk은 일상에서 수다를 떠는 느낌일 때 쓰는 단어예요. 뒤에 전치사에 따라 의미가 조금씩 바뀝니다. talk to는 '~에게 얘기하다'라는 뜻이고, talk with는 '~와 같이 얘기하다', talk about은 '~에 대해서 얘기하다'라는 말이에요. 자주 함께 쓰는 표현으로는 talk on the phone(전화로 통화하다)이 있어요.

아니~
미리 하면 까먹어~

시험공부
많이 했어?

tell ~에게 ~을 말하다

(예) My mom always tells us an interesting story.
우리 엄마는 항상 우리에게 재미있는 이야기를 해 주신다.

▶ interesting 흥미로운

tell은 주로 [tell+사람+말하는 내용] 형태로 쓰기 때문에 '~에게 ~을 말하다'라는 뜻을 가지고 있어요. tell과 자주 함께 쓰는 표현으로는 tell a story(이야기를 하다), tell a joke(농담을 하다), tell a lie(거짓말을 하다)가 있습니다.

chat 수다를 떨다

(예) You are always on your phone chatting with your friends.
넌 항상 친구랑 수다 떨면서 전화기만 붙들고 있구나.

chat은 talk처럼 친구들과 수다 떠는 것을 말해요. 인터넷과 스마트폰이 나오면서 더 많이 쓰게 된 단어입니다. 채팅(chatting)이 바로 이 단어 chat에서 나온 것입니다. 인터넷으로 수다를 떤다는 말이죠. chat에 ty를 붙이면 '수다스러운, 말하기 좋아하는'이라는 뜻의 형용사 chatty가 됩니다.

talkative 수다스러운

(예) 누리: Naru is very quiet, isn't he? 나루는 조용해, 그렇지 않니?

시하: No, he's very talkative around us. 아니야, 우리 주변에서는 말 많이 해.

'대화하다'라는 동사 talk에 -ative를 붙이면 '수다스러운, 말하기 좋아하는'이라는 뜻의 형용사가 됩니다.

small talk 가벼운 잡담

예 유성: So, what did you talk about with Nuri? 그래서 너 누리랑 무슨 얘기했어?

은하: Just a small talk, that's all. 그냥 잡담이지, 그게 다야.

talk은 명사로는 '이야기, 대화'라는 뜻이에요. 그 앞에 '작은'이라는 뜻의 small을 붙인 small talk은 별로 중요한 얘기가 아니라는 말이에요. '가벼운 대화, 수다'라고 생각하면 됩니다. 주로 날씨나 TV 프로그램, 음식 등의 무난한 주제로 별로 친하지 않은 사람과 대수롭지 않게 나누는 이야기를 말해요.

speak (언어)를 말하다

예 I can speak English well. 저는 영어를 잘 해요.

'어떤 언어를 한다'라고 할 때는 항상 speak를 써요. 예를 들어 내가 한국어를 하는 것은 I speak Korean.이라고 하지요. 뒤에 전치사를 붙이면 다양한 뜻이 되는데 speak to는 '~에게 얘기하다', speak with은 '~와 얘기하다', speak about은 '~에 대해 얘기하다'라는 뜻입니다.

speech 연설

예 Juna is going to give a speech in Seoul. 주나는 서울에서 연설을 할 거야.

speak의 명사가 바로 speech랍니다. speech는 '연설, 말투, 말하기'라는 뜻인데 주로 '연설'이라는 뜻으로 써요. '연설하다'라고 하려면 give a speech라고 합니다.

speaker 연설자

예 Juna is a great speaker. 주나는 훌륭한 연설가야.

동사 speak에 '~하는 사람'이라는 뜻의 er을 붙여서 '연설자'라는 단어가 생겼어요. 주로 세미나나 회의처럼 사람들 앞에서 발표를 하는 사람을 얘기해요. 소리를 키워 주는 '확성기'도 speaker라고 해요.

큰 소리로 주장합니다!

speechless 할 말을 잃은

예 The students became speechless because they lost the game.
학생들은 게임에서 졌기 때문에 말이 없어졌다.

명사 speech에 뒤에 '없는'이라는 뜻의 less를 붙인 speechless는 '말이 없는, 할 말을 잃은'이라는 뜻이에요. 이 단어는 '말로 표현할 수 없는'이라는 뜻으로도 써요. 보통 너무 놀라거나 좋거나 화가 날 때 말을 잃게 되니까 이런 상황에서 씁니다. became은 동사 become(~이 되다)의 과거형이고, lost는 동사 lose(지다)의 과거형이에요.

'말 한 마디에 천 냥 빚을 갚는다'는 속담을 들어봤나요? 이런 속담처럼 영어에도 말하기와 관련된 재미있는 표현이 많이 있어요.

babble 웅얼거리다

(예) Stop babbling. Just talk. 그만 웅얼거리고 말을 해 봐.

친구가 말을 하는데 무슨 말인지 못 알아 듣겠고 그냥 웅성거리는 소리처럼 들릴 때가 있지요? 그게 babble이에요. 아기의 웅얼거림이나 사람들의 왁자지껄한 소리도 babble이라고 합니다.

blah blah blah 어쩌고 저쩌고

(예) 지우: What did Jia say? 지아가 뭐라고 했어?

한샘: Oh, about herself, blah blah blah. 어, 자기에 대한 거랑 뭐 어쩌고 저쩌고...

다른 사람이 한 말을 전부 다 전달하기 힘들 때, 혹은 다 전달할 필요가 없을 때 blah blah blah 라고 해요. 한국어로는 '어쩌고 저쩌고, 이러쿵 저러쿵' 정도로 해석할 수 있어요. 남의 말을 듣기 싫거나 중요하지 않다며 비꼴 때도 쓸 수 있습니다.

There you go again. 또 시작이군.

(예) 아빠: Stop playing with your phone and the game. 전화기 그만 가지고 놀고 게임도 그만해.

연수: There you go again. 잔소리 또 시작이야.

친구가 매일 하는 말이나 행동을 또 시작하면 보는 입장에서 지겹죠. 그럴 때 이 표현을 씁니다. There you go.는 '잘했어'라는 말인데 뒤에 again을 붙이고 지겹다는 말투로 말하면 '또 그런다'라는 표현이 돼요. '매일 하는 말 혹은 행동을 또 시작했구나'라는 의미로 쓰는 거죠.

You know what? 너 그거 알아?

예 누리: You know what? 그거 알아?
수성: What? 뭐?

말을 하다 보면 '있잖아, 저기' 같은 추임새를 섞어서 말하게 되죠. 말을 시작하기 전에 상대방의 주의를 끌 때 쓰기도 하고요. 비슷한 표현으로는 You see…(있잖아…)가 있어요.

well 글쎄

예 여름: Can you tell me what Jimin said? 지민이가 뭐랬는지 나한테 얘기해 줄 수 있어?
하루: Well… It's a secret. 음… 비밀이야.

생각할 시간이 필요하거나 대답이 망설여질 때 '음…' 이렇게 말을 끌게 되죠. 이걸 영어로는 well이라고 하는데 '글쎄/음/그게/저기/그런데' 등 한국어로는 다양하게 해석할 수 있어요.

beat around the bush 말을 빙빙 돌리다

예 Stop beating around the bush. What's your point? 딴 얘기 그만해. 요점이 뭐야?

진짜 해야 할 중요한 이야기는 하지 않고 자꾸 딴 얘기만 하는 것을 beat around the bush라고 해요. beat은 '때리다, 통제하다'라는 뜻이고, bush는 '덤불'이라는 뜻이에요. 덤불은 여러 갈래로 너무 확 퍼지지 않도록 가지치기를 해서 통제해야 해요. 그런데 beat around the bush는 덤불(bush)을 통제하지(beat) 않고 그 주변(around)만 두드린다는 말이에요. 중요한 내용이나 핵심을 피해서 주변 이야기만 한다는 것이죠.

이게 아닌데…

뭐 하는 거야?

break the news 소식을 전하다

예 **Who's going to break the news to her?** 누가 그 소식을 그녀에게 전할 건가요?

break는 동사로 '~를 부수다, 깨뜨리다'라는 뜻이에요. 그 밖에 다른 뜻도 여러 가지 가지고 있지요. 그 중 하나가 바로 '(뉴스나 어떤 소식이) 알려지다, 터지다'랍니다. 주로 안 좋은 소식을 전한다고 할 때 break the news를 써요. CNN 같은 외국 방송을 보면 이 표현이 자주 나오는 걸 알수 있어요.

Spit it out. 솔직하게 털어놔.

예 **What do you want to say? Just spit it out.** 무슨 얘기를 하고 싶은데? 털어놔 봐.

spit은 명사로는 '침', 동사로는 '침을 뱉다, 입에 든 것을 뱉다'라는 뜻의 단어예요. 그래서 Spit it out.이라고 하면 '진실을 밖으로 뱉어내라 → 속 시원히 말해라, 털어 놔' 라는 말이 됩니다.

on the tip of my tongue (어떤 말이) 혀끝에 맴도는

예 **What was his name? Oh, it's on the tip of my tongue.**
그 사람 이름이 뭐더라? 아, 생각이 날 듯 말 듯 하네.

어떤 말이 생각날 듯 안 나는 경우가 있죠? 이런 걸 영어로는 on the tip of my tongue이라고해요. tongue은 '혀'고, tip은 '끝 부분'이라는 뜻이에요. 어떤 말이 내 혀의 끝 부분 위에 있는데정확히 생각이 안 나는 걸 말해요.

Zip it. 입 다물어.

예 **You guys are too loud. Zip it.** 너희들 너무 시끄러워. 조용히 해.

zip은 명사로 '지퍼', 동사로 '지퍼를 잠그다'라는
뜻이에요. 옷에 달린 지퍼(zipper)가 여기서 나온
단어지요. 입에 지퍼를 잠그면 말을 못 하겠죠?
그래서 Zip it.이라고 하면 '입 다물어, 조용히 해'
라는 말이 됩니다. 입에 지퍼를 잠그는 듯한 행동
과 함께 말하는 경우가 많아요.

Tell me about it. 그러게 말이야.

예 하이: **Ria is such a sweet friend.** 리아는 너무나 착한 친구야.

이든: **Tell me about it!** 그러게 말이야!

상대방의 말에 동의하면 '그러게 말이야, 내 말이 그 말이야'라고 맞장구를 치게 되죠. 영어로는 Tell me about it.이라고 해요. 맞장구치는 상황을 상상하고 약간 과장된 억양으로 말해 보세요.

I don't think so. 나는 그렇게 생각하지 않아.

예 이준: **You should buy a new computer.** 너 새 컴퓨터 사야겠다.

라온: **I don't think so.** 나는 그렇게 생각하지 않아.

상대방의 의견에 동의하지 않을 때는 I don't think so.라고 합니다. 여기에서 so는 '그렇게, 그와 같이'라는 뜻이에요.

I see your point. 네 말이 무슨 뜻인지 알아.

예 **I see your point but I don't think so.** 네 말은 알겠지만 난 그렇게 생각 안 해.

see에는 '보다'라는 뜻뿐 아니라 '알다, 이해하다'라는 뜻도 있어요. point는 '요점, 핵심, 의견'이라는 뜻이고요. 즉, I see your point.는 '너의 의견을 알겠다, 네 말이 무슨 뜻인지 알겠다'라는 말이에요.

'발 없는 말이 천리 간다'는 속담처럼 소문은 발이 없지만 아주 빨리 퍼집니다. 이렇게 소식이나 소문과 관련된 영어 표현은 어떤 것이 있을까요?

A little bird told me. 소문으로 들었어.

예 진우: **How did you find out about Sammy?** 넌 새미에 대해 어떻게 알게 됐어?

주아: **Well, a little bird told me.** 음⋯ 그냥 소문으로 들었어.

누가 말해 줬는지 밝히지 않고 '지나가다가 소문으로 들었다'라고 할 때 영어로는 A little bird told me.(작은 새가 얘기해 줬다.)라는 표현을 쓴답니다. 새들이 날아다니며 소식을 전한다고 생각해서 나온 표현인 것 같아요.

gossip 남의 험담을 하다

예 빈우: **Do you know anything about Mini?** 너 미니에 대해서 뭐 아는 거 있어?

윤영: **What? I don't gossip, you know.** 뭐? 나 남 얘기 안 하는 거 너도 알잖아.

우리는 일상에서 '가십거리'라는 말을 많이 쓰지요. 바로 명사로는 '소문', 동사로는 '남의 험담을 하다'라는 뜻의 영어 단어 gossip을 그대로 쓰는 거예요. 실제 발음은 [가십]이 아닌 [가습]에 가까워요. 원어민의 발음을 잘 들어 보세요.

have a big mouth 입이 싸다

예 Why did you tell Haru about it? He has a big mouth.
너 왜 하루에게 그것에 대해 얘기했어? 걔 입이 싸.

비밀을 잘 지키지 않고 다른 사람에게 모두 말해버리는 사람을 우리는 '입이 싸다'고 하고, 영어로는 '입이 크다'고 해요.

between you and me 너랑 나 사이니까 말인데

예 태연: It's between you and me, OK? 이거 너랑 나랑만 아는 거야. 알았지?

하늘: Got it. I won't tell anyone. 알았어. 아무에게도 말 안 할게.

비밀 얘기를 할 때 '우리 사이니까 말하는 거야, 우리끼리만 아는 얘기야'라는 말 자주 하죠? between은 '~와 ~사이'라는 뜻의 전치사예요. 우리끼리 이야기니까 다른 사람에게 얘기하지 말라는 의미를 담은 표현입니다.

keep ~ under your hat ~에 대해 비밀을 지키다

예 은혜: Can you keep this under your hat? 이거 비밀 지켜줄 수 있지?

희수: Of course. Trust me. 물론이지. 나만 믿어.

어떤 사실을 아무에게도 말하지 않고 비밀로 하는 것을 영어로는 keep ~ under your hat이라고 해요. 모자 밑에 비밀이 적힌 쪽지를 넣고 아무도 못 보게 모자로 덮어버리는 것이죠.

speak of the devil 호랑이도 제 말하면 온다더니

예 지연: **Hi!** 안녕!

호재: **Hey, speak of the devil. We were talking about you.**
안녕, 호랑이도 제 말하면 온다더니. 우리 네 얘기를 하고 있었어.

철수에 대한 이야기를 하고 있는데 철수가 나타나면 '호랑이도 제 말하면 온다'라고 하지요. 영어에서는 호랑이가 아니라 악마(devil)라고 해요. speak of는 '~에 대해서 얘기하다'라는 뜻이에요.

No news is good news. 무소식이 희소식이다.

예 재우: **When the school calls, I feel nervous.** 학교에서 전화가 오면, 난 긴장이 돼.

서현: **No news is good news in that case.** 그 경우엔 무소식이 희소식이니까.

▶ nervous 긴장하는

아무 소식이 없는 게 좋은 일이라는 뜻의 '무소식이 희소식'은 영어로도 No news is good news.라고 합니다. news는 셀 수 없는 명사라서 단어가 s로 끝났다고 해도 복수가 아니에요. 그래서 동사 are가 아니라 is가 옵니다.

The walls have ears. 낮말은 새가 듣고 밤말은 쥐가 듣는다.

예 준호: **Can we talk? Not here.** 우리 얘기 좀 할까? 여기서는 말고.

서경: **Sure. The walls have ears.** 그래. 낮말은 새가 듣고 밤말은 쥐가 듣기는 하지.

'낮말은 새가 듣고 밤말은 쥐가 듣는다'라는 속담 들어본 적 있나요? 어디서나 말조심을 해야 한다는 뜻의 속담인데 영어로는 The walls have ears.(벽에도 귀가 있다.)라고 해요. 벽에도 듣는 귀가 있다면 언제나 말을 조심하게 되겠죠? walls 앞에 the는 떼고 말해도 돼요.

좋은 일이 있기를! 누군가에게 행운을 빌어줄 때 쓰는 표현은 Good luck! 말고도 여러 가지가 있어요. 친구가 중요한 일을 앞두고 있을 때 영어로 행운을 빌어 보세요.

Good luck. 행운을 빌어.

예 가을: Good luck. 행운을 빌어.

유민: Thanks. 고마워.

luck은 '운'이라는 뜻이에요. 그래서 행운을 빌 때 Good luck.이라고 해요. 원래는 I wish you good luck.이라는 문장으로 말해야 하는데 줄여서 Good luck.이라고 쓰는 거예요.

I hope all is well. 모든 게 다 괜찮기를.

예 I hope all is well for you. 너의 모든 게 다 괜찮기를 바란다.

동사 hope는 '희망하다, 바라다'라는 뜻이고, 형용사 well은 '좋은, 괜찮은'이라는 뜻이에요. 그래서 다 괜찮기를 바란다고 할 때 이 표현을 씁니다. 문자, 이메일, 대화 어디서나 쓸 수 있어요.

keep my fingers crossed 행운을 빌다

예 I will keep my fingers crossed for you. 너를 위해 잘되기를 빌게.

영어권 나라에서는 셋째 손가락을 두 번째 손가락 위로 덮듯이 꼬아서 십자가 모양을 만드는 것이 '행운을 빈다'는 표시예요. 이것을 keep my fingers crossed라고 말 로 표현하기도 합니다. 이 말을 하면서 손으로 표시를 보여주기도 해요. crossed는 '십자 모양으로 놓은'이라는 뜻의 형용사예요. 휴대전화의 이모티콘에도 이 모양이 있으니 찾아보세요.

Good luck!

Don't jinx it. 괜히 불길하게 만들지 마.

예 성은: Is your team still No.1? 너희 팀이 아직 1등이야?

하민: Yes, but don't jinx it. Stop asking. 응, 하지만 불길하게 하지 마. 그만 물어 봐.

우리가 일상적으로 쓰는 징크스라는 단어는 영어 jinx에서 나온 것입니다. jinx는 '불길한 것'이라는 명사이자 '불운을 가져오다'라는 뜻의 동사예요. 예를 들어 시험 날에는 미역국처럼 미끄러운 음식을 먹지 않는 것과 비슷한 거죠. Don't jinx it.은 좋은 내용이든 나쁜 내용이든 어떤 말을 해서 불운을 불러올 수도 있으니 조심하자는 표현입니다.

Break a leg. 행운을 빌어.

예 Break a leg! You will do well. 행운을 빌어! 넌 잘 할 거야.

Break a leg!은 '다리나 부러져라!'라는 말인데 진짜로 다리가 부러지길 바란다는 뜻이 아니에요. 행운을 불러오길 바라는 마음으로 예방주사를 맞는 것처럼 일부러 나쁜 말을 하는 거죠. 옛날에 이름이 촌스럽고 이상할수록 오래 잘 산다는 이야기가 있었던 것과 비슷한 맥락의 표현이에요.

내 생각을
가두는 상자

고정관념은 어떤 것에 대한 고정된 생각을 말해요.

주로 부정적인 의미로 많이 쓰죠. 예를 들어 도둑은 주로 밤에 침입한다고 생각하잖아요.

하지만 낮에도 집에 도둑이 들 수 있죠. 이렇게 고정 관념에 사로잡히면

새로운 생각을 하기 어렵습니다. 틀에 박힌 사고를 깨고

새로운 것을 생각해내라는 말은 영어로 **Think outside the box.**라고 해요.

'상자를 벗어나서 생각해라'라니 무슨 말인지 감이 오나요?

상자가 곧 고정관념을 뜻합니다. 틀에 박힌 사고방식에서 벗어나서

새로운 것을 떠올리라는 말이죠. 그래야 남들과는 다른 창의적인 생각을 할 수 있으니까요.

주민: I can't think of anything new. 새로운 게 생각이 안 나.

호리: You should think outside the box. 고정관념에서 벗어나서 생각해 봐.

사람이면 모두가 기쁨과 슬픔을 느끼는 법!

감정에
어울리는 **찰떡 표현**

- 기쁨, 즐거움
- 종아함
- 감동
- 지원, 자부심
- 편안, 안심
- 격려, 희망

- 슬픔, 안타까움
- 미움, 불평
- 걱정, 불안
- 화, 분노
- 놀라움
- 두려움, 조심성

사람은 여러 감정을 느끼면서 살아갑니다. 그 중에서 기쁨과 즐거움을 나타내는 표현을 먼저 알아볼게요.

happy 기쁘고 행복한

예 I'm so happy we met today. 오늘 우리가 만나서 정말 기뻐.

기쁘고, 만족하고, 행복한 마음은 영어로 happy라고 해요. 비슷한 뜻인 glad(기쁜)보다 happy 가 더 행복한 느낌을 표현해요. 일상에서도 더 많이 씁니다. '행복'은 happiness라고 합니다.

satisfied 만족한

예 I'm satisfied with my grade. 나는 내 성적에 만족해.
  ▶ grade 성적

만족한 마음을 표현하는 또 다른 단어로는 satisfied가 있습니다. 뒤에 with랑 연결해서 무엇에 만족하는지 얘기할 수 있어요. 발음이 약간 어려우니 음원을 잘 듣고 따라하세요.

excited 설레는

예 I'm so excited about the party. 나는 파티 때문에 정말 설레.

소풍을 가거나 친구의 생일 파티가 있다면 기다려지고 설레잖아요. 그런 마음을 excited라고 해요. 사전에는 '흥분한'이라고 나와 있지만 실제로는 기쁜 마음으로 설레는 마음을 표현할 때 더 많이 쓴답니다. 뒤에 about이랑 연결해서 무엇이 대해 설레는지 얘기할 수 있어요.

funny 재미있는

예 The movie is very funny. 그 영화는 정말 웃겨.

funny는 '재미있는'이라는 뜻의 형용사예요. TV 프로그램이 재미있을 때, 친구가 유머 감각이 있어서 웃길 때 funny라고 해요.

laugh 웃다

예 Jina's joke was so funny. We all laughed. 지나의 농담은 정말 재미있었다. 우리는 모두 웃었다.

재미있고 웃긴 상황을 마주치면 '하하'하고 웃지요? 그게 바로 laugh입니다. '누구를 보고 웃다'라고 할 때는 [laugh at+누구]라고 해요. 하지만 이 표현은 잘못하면 비웃는다는 뜻이 될 수도 있으니 아주 친한 사이에만 쓰는 것이 좋습니다.

LOL 배꼽을 잡고 웃다

예 LOL! 너무 웃겨!

아이고 배야~

너무 웃기면 옆에 사람이 있건 없건 배꼽 잡고 웃게 됩니다. 그때 LOL을 써요. laugh out loud(소리내어 웃다)의 줄임말로 문자를 보낼 때 웃는 것을 표현하기 위해 나온 줄임말예요. 한국식으로 치면 ㅋㅋㅋ 같은 거지요.

smile 미소 짓다

예 대우: Semi, take a picture of me and Jina! 세미야, 지나랑 나 사진 좀 찍어 줘!
세미: Okay. Smile! 그래. 웃어!

하하 소리 낼 정도는 아닌 웃음이나 미소는 smile이라고 합니다. 예시처럼 사진 찍을 때 웃으라고 하는 것도 smile이라고 해요.

grin 씩웃다

씨 - 익

예 Jihu's story made me grin. 지후의 이야기는 나를 씩 웃게 했다.

소리는 내지 않고 입 꼬리만 올려서 싱긋 웃는 것을 grin이라고 해요.
laugh나 smile보다 약한 웃음이지요.

giggle 키득거리다

예 Sihu and Hamin giggle all the time. 시후랑 하민이는 항상 낄낄거린다.

웃음보가 터지려는 것을 참으며 낄낄대는 모습이나, 누군가를 놀리면서 뒤에서 키득거리는 상
황에서 모두 giggle을 써요. 장난꾸러기들이 웃는 그런 모습이랄까요?

좋아하는 마음을 나타내는 표현

🎧 23.mp3

사람을 좋아하고 음식을 좋아하고 게임을 좋아하는 것처럼, 뭔가를 좋아하는 마음을 다양하게 영어로 표현해 보세요.

like 좋아하다

📗 **I like my math teacher.** 난 우리 수학 선생님이 좋아.

like는 아주 아주 다양한 상황에서 쓰는 단어예요. 사람을 좋아할 때, 상대방의 어떤 것이 마음에 들어서 칭찬할 때도 쓰지요. 친구의 신발을 보고 I like your shoes.(네 신발 예쁘다.)라고 말하면 칭찬하는 뜻이랍니다.

love 사랑하다

📗 **I love super hero movies.** 나는 슈퍼히어로 영화를 아주 좋아해.

like보다 좋아하는 마음이 더 클 때, 사랑을 표현할 때 love라고 해요. 영어 문화권에서는 love를 로맨틱한 감정이 있는 사람한테만 쓰는 건 아니에요. 마음에 들고, 아주 많이 좋아할 때 쓰는 단어라고 생각하세요.

love...

in love 사랑에 빠진

📗 **Soyoung is in love with Sumin.** 소영이는 수민이와 사랑에 빠졌어.

이 표현은 사랑 속에 들어가서 푹 빠져 있는 느낌을 전달해요. in이 '~안에'라는 뜻이기 때문이죠. 뒤에 with랑 연결해서 누군가와 사랑에 빠져있는지 알려줄 수 있어요.

be into ~에 푹 빠지다

예 Jisu is into dinosaurs. 지수는 공룡에 빠져있다.

into는 '안쪽으로, 어딘가의 속으로' 빠져들어간다는 뉘앙스를 가진 단어예요. 그래서 무언가나 누군가가 너무 좋아서 그 안에 푹 빠져 있을 때는 into라고 해요.

crazy about ~에 미쳐있는

예 Roa is crazy about figure skating. 로아는 피겨 스케이팅에 미쳐있어.

너무 좋아서 뭔가에 푹 빠져있을 때 그것에 미쳤다고도 얘기하지요. 깊게 빠져서 헤어나오지 못하는 그 느낌을 영어로도 똑같이 미쳤다고 표현합니다. 종종 이렇게 영어와 한국어가 같은 표현을 쓰는 게 재미있지 않나요?

interested 관심이 있는

예 Hamin is interested in soccer. 하민이는 축구에 관심이 있어요.

사람이나 물건에 좋은 감정으로 관심이 있을 때 interested라는 단어를 써요. interested in 뒤에 무엇에 관심이 있는지 넣으면 됩니다.

I can't believe it. 믿을 수 없어.

예 We won the game. I can't believe it! 우리가 게임에서 이겼어. 이럴 수가!

believe는 '믿다'라는 뜻의 동사인데 앞에 부정을 붙여서 '믿을 수가 없다'가 됐어요. 너무 좋으면 이게 진짜인지 믿기 힘들죠? 영어도 똑같이 표현합니다. 진짜로 의심해서 못 믿겠다는 게 아니고, '이럴 수가! 이런 일이 생기다니!' 정도의 느낌인 거죠.

the apple of my eye 가장 사랑하고 아끼는 사람

예 **You are the apple of my eye.** 너는 나에게 가장 소중한 사람이야.

눈에 넣어도 아프지 않을 정도로 소중하고 예쁜 사람은 영어로 '내 눈에 사과'라고 해요. 내 눈에 너무 예쁘고 소중한 자녀나 사랑하는 연인 사이에서 씁니다.

우리 딸~ The apple of my eye!

favorite 좋아하는

예 **My favorite color is red.** 내가 좋아하는 색은 빨간색이야.

favorite 역시 '좋아하는'이라는 뜻이에요. 좋아하는 영화나 가수를 물어볼 때에도 what's your favorite movie[singer]?처럼 말할 수 있어요.

my type 내 취향

예 **Jinyoung is totally my type.** 진영이는 완전 내 취향이야.

여러분은 어떤 사람을 좋아하나요? 농담을 잘하는 사람, 운동을 잘하는 사람, 예쁘고 잘생긴 사람? 내 취향에 맞아서 좋아한다면 그 사람이 my type이라고 얘기할 수 있어요.

have a big crush on ~에게 홀딱 반하다

예 **I have a big crush on Sanho.** 나는 산호한테 완전히 반했어.

crush는 누군가를 보면 가슴이 뛰고 얼굴이 빨개지는 강렬한 끌림이나 사랑을 말합니다. 이런 crush의 크기가 크다는(big) 건 홀딱 빠졌기 때문이겠죠. 이 표현은 보통 짝사랑하는 느낌으로 좋아할 때 써요.

감동을 나타내는 표현

🎧 24.mp3

가족이나 친구의 행동에 감동받은 적이 있을 거예요. 또는 인상적인 영화나 책을 보고 감동받을 수도 있지요. '감동'과 관련된 영어 표현은 약간 어려울 수도 있지만 일상생활에서 많이 쓰니 천천히 읽어 보세요.

inspiring 감동을 주는

🔵예 *Frozen 2* was very inspiring. 겨울왕국 2는 정말 감동적이었어.

'감동적인, 감동을 주는'이라는 뜻으로 많이 쓰는 단어예요. '영감을 주다'라는 뜻의 동사 inspire에서 나온 형용사인데 내 마음에 좋은 영향을 끼치고, 창의적인 생각이 나도록 북돋아준다는 말입니다.

inspired 감동받은

🔵예 I was very inspired by *Frozen 2*. 나는 겨울왕국 2에 매우 감동받았어.

위에 나온 inspiring은 '남에게 감동을 주는'이라는 뜻이고, 내가 감동을 받았거나 영감을 얻었을 때는 inspired라고 합니다. 글자가 다르니까 주의하세요. 두 가지 모두 '감정을 불러일으키다'라는 동사 inspire에서 나온 형용사예요.

impressive 인상적인

🔵예 선호: This is what I made in art class today. 이게 오늘 제가 미술 시간에 만든 거예요.
엄마: Very impressive! 아주 인상적이구나!

기억에 남을 것 같은 사람, 행동, 일은 impressive를 써서 표현합니다. 좋은 쪽은 물론 나쁜 쪽으로도 쓸 수 있답니다. 좋은 일도 인상에 깊게 남지만, 나쁜 일 역시 인상적이니까요. made는 동사 make(만들다)의 과거형이에요.

impressed 좋은 인상을 받은

(예) Jenny was impressed by Mr. President's speech.
제니는 대통령의 연설에 감동받았다.

impressive(인상적인)한 것을 보고 감명을 받았을 때는 impressed(좋은 인상을 받은)라고 합니다. 뒤에 with나 by를 붙여서 무엇에 감명을 받았는지 얘기할 수 있어요.

take someone's breath away 누구의 숨을 멎게 하다

(예) The painting took my breath away. 나는 그 그림을 보고 숨이 멎었다.

숨이 헉 막힐 정도로 아름다운 그림이나 사람, 경치를 본 적이 있나요? 이럴 때는 영어로도 '그 멋진 무엇이 숨을 빼앗다, 숨을 멎게 하다'라고 해요. breath는 들이쉬고 내쉬는 '숨, 호흡'을 말하고, 뭔가가 이 숨을 빼앗아 갈 정도로 멋지다는 말이죠. 진짜로 숨을 못 쉬게 되는 건 아니니까 걱정 마세요.

감정

respect 존경하다

(예) I respect my parents' hard work. 나는 우리 부모님께서 열심히 일하시는 걸 존경해.

힙합 음악을 들으면 respect라는 단어가 자주 나오죠. 힙합 음악을 하는 래퍼끼리 서로 리스펙트한다고 말하기도 하고요. respect는 누군가를 인정하고, 존경하고, 존중한다는 뜻입니다.

look up to ~를 존경하다

(예) 현정: All the students look up to Mrs. Han. 모든 학생들이 한 선생님을 존경해.

주관: Yes, she's a great teacher. 응, 그녀는 훌륭한 선생님이야.

look up은 '위로 올려다보다'라는 말입니다. 그러니 [look up to 사람]은 누군가를 동경하는 마음을 가지고 우러러 본다는 뜻이죠. 위에 나온 respect와 같은 표현입니다. 누군가를 깔본다면 look down on(~를 아래로 보다, 내려다보다)이라고 합니다. 외우기 쉽지요?

지원, 자부심을 나타내는 표현

🎧 25.mp3

부모님은 여러분을 믿고 응원하고 여러 방법으로 지원해 주실 거예요. 그런 부모님의 자부심이 될 수 있도록 아래 나오는 표현을 하나하나 천천히 읽고 외워 보세요.

support 지원하다

예 엄마: **We totally support your decision.** 우리는 너의 결정을 전적으로 지지한단다.

백호: **Thanks!** 감사해요!

support는 금전적으로나 마음으로 지지하고 지원하며 응원한다는 뜻입니다. 부모님이 여러분이 잘 되기를 바라고 항상 응원하는 것을 support라고 할 수 있죠. 스포츠 팀의 팬 모임이 '@@ 서포터즈'인 경우가 많은데요, 이렇게 응원하는 사람을 서포터(supporter)라고 합니다.

supportive 응원하는

예 **My parents are very supportive.** 우리 부모님은 응원해 주셔.

support에서 나온 형용사 supportive는 정신적인 도움을 줄 때만 씁니다. 마음으로 응원하고, 지지한다는 의미의 형용사예요.

root 응원하다

예 **Everyone rooted for the Korean soccer team.** 모든 사람들이 한국 축구팀을 응원했어.

'뿌리, 근원'이라는 뜻인 root를 왜 '응원하다'라는 뜻으로 쓸까요? 만약 내가 어떤 야구팀을 좋아한다면 그 팀에 마음의 뿌리를 두고 응원하는 거겠죠. 그런 의미에서 동사로는 '응원하다'라는 뜻이 되었습니다. 뒤에 for를 붙여서 누구를 응원하는지 말할 수 있어요.

120

back 뒷받침하다

예 Jihu backs up strikers on the soccer team. 지후는 축구팀에서 공격수를 뒷받침한다.

back은 동사일 때 '누군가의 의견을 지지하고 도와주다'라는 뜻이에요. 명사로는 '등'이라는 뜻인데 누군가의 등을 받쳐 준다는 말은 곧 '지지/후원/뒷받침하다'라는 뜻이죠. 등을 기대고 쉬는 든든한 의자를 떠올려 보세요.

always be with 항상 ~와 함께 있는

예 Don't forget. Mom is always with you. 잊지 마. 엄마는 항상 네 편이야.

always는 '항상, 늘'이라는 뜻이고, be with은 '~와 함께 있다'라는 뜻이에요. 이 두 가지가 합쳐지면 '항상 ~와 함께 있는'이라는 말이 되죠. 같은 장소에 있다는 뜻으로도 쓸 수 있지만 보통은 항상 너를 생각한다는 뜻으로 쓴답니다. 카드나 문자, 이메일에 써도 정말 좋은 표현이에요.

감정

on someone's side 누구의 편인

예 My best friends are always on my side. 내 친한 친구들은 항상 내 편이다.

side는 '오른쪽/왼쪽 중 어느 한 쪽'이나 '옆면'을 말해요. 친구들과 편을 가르고 싸울 때 난 누구의 편이라고 하잖아요. 그 사람을 지지한다는 뜻으로요. 그래서 네 편이다, 네 의견을 지지한다는 의미로 side를 씁니다.

121

proud 자랑스러운

예 I help my parents around the house. I am proud of myself.
나는 집안일로 부모님을 도와. 내 자신이 자랑스러워.

proud는 뿌듯하고 자랑스러운 느낌을 표현해요. 뒤에 of를 연결해서 무엇이 자랑스러운지 얘기할 수 있어요. 자기 자신이 자랑스럽다면 proud of myself라고 말해요.

make ~ proud ~를 뿌듯하게 만들다

예 Look what you made today. You always make us so proud.
오늘 네가 만든 것 좀 보렴. 너는 항상 우리를 아주 자랑스럽게 하는 구나.

영어권 사람들은 감정 표현이 적극적이라서 누군가를 칭찬할 때 이 표현을 정말 자주 쓰는데요, [make 사람] 형태로 말해요. '사람' 자리에 뿌듯함을 느낀 사람을 넣으면 되지요.

자랑스럽구나.

히힛

걱정, 근심 없이 편안한 상태일 때 공부도 잘 되고 친구와 더 재미있게 놀 수도 있어요. 여러분의 마음을 편하게 해 주는 것은 무엇인가요?

good life 풍족한 삶

예 My cousin has everything. She has a good life. 내 사촌은 다 가졌어. 좋은 삶을 살고 있지.

good은 '좋은, 착한, 올바른' 이라는 뜻이에요. 그래서 good life라고 하면 도덕적으로 올바르면서 돈도 많고 풍족한 좋은 삶, 멋진 인생을 말합니다.

감정

This is the life. 이런 게 인생이지.

예 현재: I'm so happy to be here at the beach. 여기 해변에 와서 너무 기뻐.

정민: Yeah, this is the life. 응, 이제야 사는 것 같아.

열심히 준비했던 운동회 같은 행사를 마치고 후련하게 친구들과 놀면 어떤 기분인가요? '아, 이제야 사는 것 같네' 뭐 그런 생각이 들죠? 이런 기분일 때 This is the life.라고 합니다.

comfortable 편안한

예 My new chair is very comfortable. 내 새 의자는 정말 편해.

편안하다고 할 때 가장 대표적으로 쓰는 단어가 바로 comfortable이에요. 몸이 편안한 것뿐 아니라 life(삶, 인생)와 함께 써서 물질적으로 풍요롭고 걱정이 없는 편한 삶을 얘기할 수도 있어요.

born with a silver spoon in someone's mouth
금수저로 태어나다

예 Jia was born with a silver spoon in her mouth. 지아는 금수저로 태어났다.

부잣집에서 태어난 사람을 '금수저'라고 하죠. 영어에서는 이 금수저가 은수저로 바뀝니다. 그래서 '은수저를 입에 물고 태어나다'라고 해요. gold가 아닌 silver라는 거 헷갈리지 마세요!

Take it easy. 편하게 생각해.

예 경현: Oh, my god! What should I do now? 앗, 이럴 수가! 나 이제 어떡하지?
유라: Relax. Take it easy. 긴장 풀어. 편하게 생각해.

동사 take는 '가지고 가다'라는 뜻도 있지만 '받아들이다, 생각하다'라는 뜻도 있어요. easy는 '쉬운'이라는 뜻의 형용사고요. 이 표현은 '쉽고 편하게 생각해라'라는 말이에요.

relax 휴식을 취하다

예 창민: I'm so nervous about the test. 나 시험 때문에 너무 긴장 돼.
선아: Hey, relax. You will be OK. 야, 긴장 풀어. 넌 괜찮을 거야.

일주일 내내 학원에 다니고 숙제에 치여 바쁘게 사는 친구가 있다면 좀 쉬라고 얘기해 줄 수 있겠지요. 그때 relax라는 단어를 쓰면 돼요. 발표를 앞두고 긴장하고 있는 친구에게도 긴장을 풀라는 의미에서 말해도 좋아요.

relaxing 마음을 안정시키는

예 I am listening to some relaxing music. 나는 마음을 안정시키는 음악을 듣고 있어.

'안심하다'라는 뜻의 동사 relax에서 나온 형용사 relaxing은 '편안한'이라는 뜻이에요. 긴장되고 스트레스 받는 순간에 잔잔한 음악을 들으면 마음이 좀 나아지죠. 이런 종류의 음악을 relaxing music이라고 해요.

worry-free 걱정 없는

(예) You have a worry-free life. I envy you. 너는 걱정 없는 인생이구나. 난 네가 부러워.

▶ envy 부러워하다

free는 '자유로운'이라는 뜻인데 어떤 단어 뒤에 붙이면 '그것에서 자유로운, 그것이 없는'이라는 말이 됩니다. 따라서 worry-free는 '걱정이 없는', stress-free는 '스트레스 없는', sugar-free는 '설탕이 들어가지 않은'이랍니다.

설탕이 안 들어갔어요~

격려, 희망을 나타내는 표현

🎧 27.mp3

'쥐구멍에도 별 들 날이 있다'는 속담처럼, 아무리 어려운 상황이라도 언젠가는 좋은 일이 있을 거라는 희망을 가지고 사는 것이 중요해요. 기가 죽어 있는 친구가 있으면 격려의 한 마디를 전해 주세요.

hope 희망하다

예 **I hope you have a great year.** 나는 네가 올해를 잘 보내기를 바라.

어떤 일을 희망하는 것을 hope라고 해요. 긍정적인 미래를 꿈꾸는 말입니다. 연말이나 새해에 친구에게 줄 카드에 예시 문장을 써서 보내 주세요.

wish 소원을 빌다

예 **I wish you good luck.** 네 행운을 빌어.

wish는 달이나 별, 하늘, 마법사에게 소원을 빈다는 뜻이에요. 그래서 행운이나 행복을 빈다고 할 때 많이 쓰죠. 생일 케이크의 촛불을 불 때 자주 하는 말, Make a wish.는 '소원을 만들다=소원을 빌어라'라는 뜻입니다.

hope for the best 잘 되기를 바라다

예 **Let's hope for the best.** 우리 최선의 결과를 기대해 보자.

best는 가장 좋은 것을 뜻하므로 hope for the best는 '가장 좋게 되기를 바라다'라는 말이에요. 그런데 이 말은 별로 좋지 않는 상황에서 더 많이 씁니다. 지금 상황은 안 좋지만 잘 되기를, 최선의 결과가 나오기를 희망한다는 뜻으로 말이죠.

positive 긍정적인

예 You should be more positive. 너는 좀 더 긍정적이 되어야 해.

'긍정적'이라는 건 상황을 좋게 보려고 노력하고 희망을 갖는 것을 말해요. 이것을 영어로는 positive라고 합니다. 반대로 모든 게 잘 안 될 거라고 생각한다면 negative(부정적인)라고 해요.

Keep your chin up. 어깨를 펴.

예 태우: Keep your chin up. Everything will be OK. 어깨 펴. 다 괜찮을 거야.

소라: Thanks. 고마워.

풀이 죽은 친구에게 힘내라고 할 때 우리는 어깨를 펴라고 하는데 영어로는 턱을 들라고 해요. chin은 입 아래에 있는 턱을 말해요. 시무룩한 사람은 고개를 푹 숙이고 다니니까 고개를 들라는 것이 기운을 내라는 의미가 된 거죠.

silver lining 밝은 희망

예 Every cloud has a silver lining. 모든 어려운 상황에도 좋은 면이 있다.

▶ lining (옷의) 안감

silver lining은 글자 그대로 해석하면 '은빛 안감'입니다. 하늘에 먹구름이 끼어 어두워 보여도, 그 구름 뒤에는 밝게 빛나는 태양이 있지요. 즉, 희망이 없어 보여도 다른 한편으로는 좋은 점도 있다는 뜻이에요. '하늘이 무너져도 솟아날 구멍은 있다'는 속담과 비슷한 뜻이라고 보면 됩니다.

ups and downs 좋은 때와 안 좋은 때

예 There are ups and downs living in this neighborhood.
이 동네에 사는 건 좋은 점과 안 좋은 점이 있어요.

▶ neighborhood 지역, 동네

어제는 축구 경기에서 이겼는데 오늘은 친구와 떠들다가 선생님께 혼나기도 하죠. 매일 매일이 좋을 수는 없고 좋은 때도 있고 안 좋은 때도 있으니까요. 그런 것처럼 좋은 때는 기운이 위로 올라가니까 ups, 나쁠 때는 아래로 내려가니까 downs라고 해요. 이 표현은 사람의 좋은 점과 안 좋은 점을 뜻하기도 해요.

Look on the bright side. 밝은 면을 봐.

예 예지: I made mistakes again. 나 또 실수를 했어.

현우: Look on the bright side. You made fewer mistakes this time.
밝은 면을 봐. 이번엔 실수가 더 적잖아.

▶ fewer 더 적은

친구가 자꾸 부정적인 말을 한다면 위의 문장처럼 말해 보세요. look은 '보다'라는 뜻이고 bright side는 '밝은 면'을 뜻해요. 즉, 나쁜 것만 보지 말고 좋은 쪽으로 생각하라는 뜻이에요.

Don't be hard on yourself. 자책하지 마.

예 Don't be hard on yourself. You will be better next time.
너무 자책하지 마. 다음에는 더 잘 할 거야.

해석하면 '너 스스로에게 너무 심하게 하지 마라'라는 말로 '자책하지 마'라는 뜻이에요. '자책하다'는 자신의 잘못에 대해 뉘우치고 스스로 꾸짖는다는 말이거든요. 형용사 hard는 보통 '힘든, 딱딱한'이라는 뜻으로 많이 쓰지만 여기서는 '혹독한'이라는 뜻입니다.

영어는 슬픔과 안타까움을 표현하는 독특한 단어가 많이 있어요. 한국어와의 어떻게 다른지 생각하면서 보면 더 머릿속에 쏙쏙 들어올 거예요.

sad 슬픈

예 문호: *Frozen 2* was a sad movie. 겨울 왕국 2는 슬픈 영화였어.

서리: Really? 정말?

슬픔을 표현하는 가장 대표적인 단어에요. 눈물이 나고 마음이 아플 때 씁니다.

sorry 안타까운

예 대호: My grandmother passed away. 우리 할머니가 돌아가셨어.

효린: I'm sorry to hear that. 그런 소식을 듣게 되어 유감이야.

sorry에는 미안하다는 뜻뿐만 아니라 '안타까운, 유감인'이라는 의미도 있어요. 이 뒤에 [to+동사원형]을 붙이면 '~해서 안타깝다'라고 유감을 표현할 수 있어요.

long face 슬픈 얼굴

예 아린: Why are you wearing such a long face? 너 왜 그렇게 슬픈 얼굴이야?

영우: My phone is broken. 내 휴대전화가 망가졌어.

슬프고 우울하고 시무룩해서 입 꼬리가 축 처진 얼굴을 영어로는 '긴 얼굴 = long face'라고 해요. 진짜 길쭉한 얼굴이 아니에요. 영어에서는 이 슬픈 표정이 그려진 가면을 쓰거나 벗는 개념으로 생각합니다. 그래서 이 표현을 wear(입다, 쓰다)나 put on(입다)이라는 동사와 함께 써요. 또는 지금 그런 표정을 가지고 있다는 뜻으로 have와도 많이 씁니다.

감정

heart-aching 마음을 아프게 하는

예 영민: **My dog passed away last week.** 우리 개가 지난주에 죽었어.

은실: **Sorry to hear that. It must be a heart-aching experience.**
그 얘기를 들으니 안타깝다. 그건 분명 마음 아픈 경험일 거야.

ache는 동사일 때 '아프다'라는 뜻인데 여기에서 heart-aching(마음을 아프게 하는)이라는 형용사가 나왔습니다. ache는 명사로는 통증을 뜻해요. 그래서 앞에 마음을 뜻하는 heart를 붙이면 heartache(마음이 아픈 것, 침통함)가 되죠.

heartbroken 마음이 아픈

예 **Sena dumped me. I'm heartbroken.**
세나가 나를 차버렸어. 너무 마음이 아파.

break는 '깨트리다, 부수다'라는 뜻이고 broken은 여기서 나온 '깨진'이라는 뜻의 형용사예요. 마음이 깨진 거니까 얼마나 아프겠어요. 아주 많이 상처 받고 아픈 마음을 뜻하는 표현이에요.

depressed 우울한

예 **I feel so depressed today.** 나 오늘 너무 우울해.

그냥 슬픈 것보다 조금 더 침울하게 마음이 가라앉는 것을 우울하다고 하지요. 이런 우울한 마음을 얘기할 때 depressed를 씁니다. '우울하게 하다'라는 동사 depress에서 나온 형용사예요. 이 동사에서 나온 또 다른 형용사인 depressing(우울하게 하는)은 어떤 것이 나에게 우울한 느낌을 줄 때 씁니다.

feel blue 우울함이나 침울함을 느끼다

예 **I feel so blue today.** 나 오늘 너무 우울해.

영어에서는 색깔로 사람의 기분을 표현해요. 파란색은 슬픔, 우울함과 관련이 있고, 초록색은 질투와 관련이 있죠. 영화 [인사이드 아웃(Inside out)]에 나온 '슬픔이' 역시 파란색이었어요. 그래서 feel blue라고 하면 '침울함을 느끼다, 슬프다'라는 말입니다.

미움, 불평을 나타내는 표현

싫어하는 마음을 영어로 표현할 때는 '싫다'라고 바로 말할 수도 있고, '좋아하지 않는다'라는 식으로 돌려서 말할 수도 있어요.

not happy 마음에 안 드는

예 I'm not happy with his comment. 난 그 애가 한 말이 마음에 안 들어.

happy에는 '행복한, 기쁜, 좋은, 만족하는'이라는 뜻이 있어요. 예를 들어 미술 시간에 그린 그림이 마음에 안 들면 not happy(만족하지 않는)한 거죠. 뒤에 with랑 연결해서 무엇에 만족하지 않는지 얘기할 수 있어요. 불평을 가장 약하게 표현하는 말이에요.

don't like ~을 안 좋아하다

예 아빠: Dinner's ready. 저녁 다 준비 되었다.

은아: Dad, I don't like fish. 아빠, 나 생선은 싫은데.

like가 좋아하는 것이니 거기에 '아니다'라는 뜻을 나타내는 not을 붙이면 '안 좋아하다'가 되겠죠. don't는 do not의 줄임말이에요.

don't want ~하기 싫다

예 Sometimes, I don't want to go to school. 가끔 나는 학교에 가기 싫다.

want는 '원하다'라고 외우지만, 실제 생활 속에서는 '~하고 싶다'라는 뜻으로 많이 씁니다. 이 want 앞에 not(아니다)이 오면 '~하기 싫다'라는 말이 되겠죠. 뒤에 [to+동사원형]을 붙이면 뭘 하기 싫은지 얘기할 수 있어요.

감정

131

hate ~을 몹시 싫어하다

예 **I hate math.** 나는 수학이 너무 너무 싫어.

hate는 don't like보다 훨씬 더 많이 싫어하고 미워하고 증오한다는 말이에요. 상대방에게 아주 강한 느낌을 줄 수 있으니 정말 싫어할 때만 조심해서 쓰세요.

Yuck! 우웩!

예 **Yuck! It tastes terrible.** 웩! 맛이 이상해.

한국어로 '우웩! 윽!'과 같은 뜻의 단어예요. 역겨운 것을 보거나 냄새를 맡거나 맛을 보면 순간 토할 것 같잖아요. 그런 느낌을 전달하는 감탄사입니다. 주로 음식을 얘기하면서 써요.

Eww! 우웩!

예 **Who farted? Eww! It's gross!** 누가 방귀 뀌었어? 우웩! 더러워!
▶ fart 방귀를 뀌다 gross 역겨운

Eww!는 [이유~]라고 읽는데, 이상한 것을 보거나 냄새나 촉감이 역겨울 때 써요. 위에 나온 Yuck과 비슷한 단어예요. w를 한 개만 써서 짧게 Ew[이유]라고 하기도 해요.

disgusting 역겨운

예 우희: **Jerry picked his nose and ate it.** 제리가 코를 판 다음에 그걸 먹었어.
　　선준: **Yuck! That's disgusting!** 우웩! 역겨워!
▶ pick one's nose ~의 코를 파다

disgusting은 불쾌하고 토할 것 같은 역겨움을 얘기할 때 쓰는 단어예요. gross라는 단어도 같은 뜻으로 많이 씁니다. ate는 동사 eat(먹다)의 과거형이에요.

frown 눈살을 찌푸리다

예 The teacher frowned when the phone rang during class.
선생님은 수업 중에 전화가 울리자 얼굴을 찌푸렸다.
▶ ring 전화가 울리다

무언가 못마땅하거나 마음에 안 들면 얼굴을 찌푸리게 되죠? 그런 것을 영어로는 frown이라고
합니다.

disappointing 실망스러운

예 태오: How was the movie? 그 영화 어땠어?
경아: It was disappointing. 실망스러웠어.

어떤 물건이나 상황, 사람의 행동이 내 기대에 못 미칠 때 실망스럽다고 하지요. disappointing은
disappoint(실망하게 하다)라는 동사에서 나온 단어예요.

make ~ disappointed ~를 실망하게 만들다

예 The ending made everyone disappointed. 그 결말은 모든 사람들을 실망시켰다.
▶ ending 결말

누구를 실망하게 만들었을 때는 동사 make(만들다)를 씁니다. disappointed는 disappointing
과 반대로 어떤 이유 때문에 '실망한, 실망하게 된'이라는 뜻이에요.

cold shoulder 쌀쌀맞은 태도

예 Jia is giving me a cold shoulder again. 지아가 나한테 또 쌀쌀맞게 대하고 있어.

쌀쌀맞고 차갑게 행동하는 것을 한국어로는
'찬바람이 쌩쌩 분다'고 하잖아요? 영어로는
'차가운 어깨를 주다'라고 해요. 차가운 어깨
로 옆을 지나가면 찬바람이 불겠죠? 한국어
표현과 거의 비슷해요.

nag 잔소리를 하다

예 My mom nags about playing a mobile game.
엄마는 폰 게임하는 것에 대해 잔소리를 하신다.

▶ mobile 이동식의, 휴대전화의

부모님이 공부 안 하고 휴대전화만 본다고 뭐라고 하나요? 그게 바로 잔소리, 영어로는 nag랍니다. 물론 부모님은 여러분을 생각해서 하는 말씀이지만요.

complain 불평하다

예 My sister always complains. 내 여동생은 항상 불평만 해.

마음에 안 드는 것을 표현하는 걸 complain한다고 해요. 또 잘못된 일에 '항의하다'라는 뜻도 있습니다.

grouchy 투덜거리는

예 민정: I don't like this. 난 이거 싫어.

아빠: You are too grouchy. You do complain a lot. 넌 너무 투덜대. 불평이 많구나.

grouchy는 형용사로 '불평이 많은, 투덜거리는' 이라는 뜻이에요. 무언가 항상 마음에 안 들어서 궁시렁대는 사람에게 딱 어울리는 말입니다.

걱정, 불안을 나타내는 표현

🎧 30.mp3

많은 사람들 앞에서 발표를 해야 한다면 긴장되고 걱정되겠죠? 초초하고 불안한 마음을 표현하는 다양한 표현들을 만나봅시다.

worry 걱정하다

예 **Don't worry about homework, now. Let's play soccer!**
지금 숙제 걱정은 하지 마. 축구 하자!

worry는 '걱정하다'라는 뜻의 대표적인 단어예요. 근심, 걱정, 약간 불안한 마음 등을 표현할 때 이 단어를 쓰면 되지요.

감정

worried 걱정하는

예 **I am worried about the final.** 나는 결승전이 걱정돼.
▶ final(s) 결승전

무언가를 걱정하고 있는 상태는 worried라는 형용사를 써요. '걱정하다'라는 동사 worry에서 나온 말입니다. 뒤에 about과 연결해서 무엇에 대해 걱정하고 있는지 말할 수 있어요.

nervous 긴장한

예 민정: **I'm nervous about the recital tomorrow.** 나 내일 공연이 너무 긴장돼.
영하: **Nothing to worry about. We will have fun.** 걱정할 거 없어. 재미있을 거야.
▶ recital 발표회, 독주회

긴장되고 떨리는 것을 nervous라고 합니다. 올림픽 같이 큰 경기를 앞둔 선수들이나 무대에 오르려는 가수나 배우들의 심정을 가장 잘 나타내는 단어가 바로 nervous죠. 뒤에 about이랑 연결해서 무엇 때문에 긴장되는지 얘기하세요.

anxious 불안해하는

예 I am anxious about moving to a new neighborhood.
나는 새 동네로 이사 가는 것이 염려된다.

anxious는 worried(걱정하는)와 nervous(긴장한)가 합쳐진 느낌이라고 생각하세요. 긴장하면서 걱정하고 염려하는 불안한 상태를 말합니다. anxious도 뒤에 about과 연결해서 더 길게 말할 수 있어요.

panic 당황하다

예 수현: Oh my god! My phone is missing. 어, 어떡해! 내 핸드폰이 없어졌어.

다윈: Don't panic. 당황하지 마.

▶ miss 없어지다

숙제를 분명히 가지고 나왔는데 교실에서 가방을 열었더니 없다면 너무 놀라서 어쩔 줄 모르게 될 거예요. 그런 감정을 panic이라고 해요.

panic attack 공황장애

예 Kevin had a panic attack at the station. 케빈은 역에서 공황 발작이 왔다.

많은 유명인사들이 공황장애를 앓고 있다고 고백해서 요즘 뉴스나 신문에 많이 나오는 단어예요. 이 병은 갑작스러운 공포감이나 불안감이 나를 공격하는 느낌이 들기 때문에 attack(공격)이라는 말이 붙었어요. 한국어로는 공황장애나 공황발작이라고 합니다.

bite fingers 손가락을 물어뜯다

예 Stop biting your fingers. 손가락 좀 그만 물어뜯어라.

너무 긴장되고 초조하면 손이나 손톱을 물어뜯는 사람 있죠? 영어에서는 이것을 손가락(finger)을 깨문다(bite)고 표현해요. 그만큼 긴장했다는 뜻을 전달합니다.

Calm down. 진정해.

예 Don't panic. Calm down. 겁먹지 마. 진정해.

갑자기 바퀴벌레가 나와서 친구가 너무 놀라고 겁에 질렸다면 진정시켜야겠죠? 그럴 때 쓰는 말이 Calm down.이에요. 놀라서 펄떡펄떡 뛰는 심장을 아래로 가라앉히라는(down) 말이죠. '워 ~워~'하면서 심호흡하고 진정하라는 손 동작과 함께 자주 씁니다.

화, 분노를 나타내는 표현

🎧 31.mp3

화가 났을 때 쓰는 대표적인 표현으로는 angry가 있어요. 이것 말고도 조금씩 다른 느낌으로 화가 난 감정을 표현할 수 있습니다.

angry 화가 난

예 My brother broke my puzzle. I am so angry at him.
우리 형이 내 퍼즐을 부셨다. 나는 형에게 몹시 화가 났다.

화가 난 감정을 표현하는 1순위 단어는 angry입니다. 뒤에 with이나 at을 붙여서 누구 때문에 화가 났는지 말하거나 about을 붙여서 무엇에 대해 화가 났는지 말할 수 있어요.

upset 속상한

예 I know you are upset. But please don't cry. 네가 속상한 거 알아. 하지만 울지 마.

자리를 잡고 있는(set) 것을 뒤집어서 밑에 있던 것이 위로(up) 가게 한 게 바로 upset이에요. 고요했던 마음이 일렁이고 어지럽게 섞여버린 거죠. angry보다는 화가 덜 났지만, 마음은 더 상한 느낌을 줍니다. 뒤에 about과 연결해서 무엇에 속상한지 얘기할 수 있어요.

yell 소리를 지르다

예 지민: You always yell at me. 넌 항상 나한테 소리를 지르네.

소혜: I'm sorry. But you're always late. 미안해. 하지만 네가 늘 늦게 오잖아.

yell은 화가 나서 소리를 지르는 것을 말해요. 일상에서는 자주 쓰지만 예의를 차려야 하는 상황에서는 잘 쓰지 않아요. 뒤에 at을 연결해서 누구에게 소리를 지르는지 말할 수 있어요.

scream 비명이나 소리를 지르다

(예) **When you are in trouble, scream for help.**
문제가 생기면 도와 달라고 소리 질러.

밤에 혼자 집에 있는데 갑자기 뒤에 뭔가 지나가는 느낌이 들거나 쥐, 바퀴벌레 같은 것을 본다면 무서워서 소리를 지르겠죠? 그게 바로 scream이에요. 놀라거나 아파서 소리치는 것을 말해요.

go crazy 난리를 치다

(예) **We broke Haesu's window. He went crazy.** 우리가 해수의 유리창을 깼다. 그는 화가 많이 났다.

go는 뒤에 형용사가 오면 '~하게 변하다, ~하게 되다'라는 뜻을 가지게 됩니다. 그래서 go crazy는 '미치게 되다'라는 말인데, 정말 미쳐가는 것을 말하는 게 아니고 '미친 것처럼 난리를 치다'라는 의미로 써요. 너무 화가 나거나 흥분해서, 혹은 너무 좋아서 미쳐버릴 것 같을 때 쓰는 표현이에요. 길을 가다가 내가 좋아하는 연예인을 만나면 너무 좋아서 흥분하고 난리가 나겠죠? 그럴 때도 go crazy를 쓸 수 있습니다.

감정

놀라움을 나타내는 표현

🎧 32.mp3

놀라움은 공포나 두려움과는 또 다른 감정이에요. 사람마다 놀라는 대상이 다르지만, 예상하지 못했던 일이 벌어지면 누구나 깜짝 놀라게 됩니다.

surprise ~를 깜짝 놀라게 하다

예 수아: Surprise! 깜짝 놀랐지!

경석: Wow! I am really surprised. 와! 나 정말로 놀랐어.

외국 영화나 드라마에서 깜짝 파티를 준비해서 주인공이 등장하면 다같이 Surprise!(놀랐지!)라고 외치는 장면을 본 적 있을 거예요. 동사 surprise(놀라다)에서 나온 surprised는 '깜짝 놀란'이라는 형용사입니다.

surprising 놀라운

예 The news was very surprising. 그 뉴스는 매우 놀라웠다.

동사 surprise에서 나온 또 다른 형용사 surprising은 '놀라운, 의외의'라는 뜻이에요. 어떤 상황이나 말, 행동이 놀라울 때 써요.

amazing 경이로운

예 민주: Dad, look. I made this. 아빠, 보세요. 이거 제가 만들었어요.

아빠: That's amazing. Beautiful. 대단하구나. 아름답다.

amazing은 '감탄할 만큼 놀랍고 신기한'이라는 뜻이에요. 이것보다 약간 더 어려운 단어로는 incredible이 있어요. 영화 제목이기도 한 이 단어는 amazing과 같이 '놀라운, 경이로운, 대단한'이라는 뜻이에요. made는 동사 make(만들다)의 과거형입니다.

can't believe my eyes 내 눈을 믿을 수 없어

예 You grew 3cm again in a week! I can't believe my eyes.
너 일주일 사이에 3cm가 또 컸구나! 정말 믿을 수가 없어.

너무 놀라운 상황을 보면 '내가 제대로 본 게 맞나, 내 눈이 잘못된 거 아닌가?'라는 생각이 들잖아요. can't believe my eyes는 글자 그대로 해석하면 '내 눈을 믿을 수 없다'라는 말인데 믿기 어려울 정도로 놀랍다는 의미로 쓰는 표현이에요. grew는 동사 grow(자라다)의 과거형이에요.

bolt out of the blue 마른하늘에 날벼락

예 Jina is moving. It's like a bolt out of the blue.
지나가 이사를 간대. 마른하늘에 날벼락이야.

기대하지 않던 일이 예고도 없이 갑자기 생길 때 '마른하늘에 날벼락'이라고 하죠. 이것은 영어로도 비슷하게 말합니다. 파란 하늘 밖으로(out of the blue) 날벼락이(bolt) 떨어졌다고 해요. 만화에서 찌지직 전기나 번개를 표시하는 그림이 바로 이 bolt예요.

out of the blue 갑자기

예 Arin called me out of the blue. 아린이가 난데없이 나한테 전화했어.

위의 bolt out of the blue와 관련된 표현이에요. 평소에는 없던 일이 불쑥 벌어지면 이 표현을 쓰세요.

Yikes! 아이고!

예 Yikes! I almost slipped. 아이고! 나 거의 미끄러져 넘어질 뻔했어.
▶ slip 미끄러지다

갑자기 놀라거나 겁을 먹었을 때 내는 소리예요. 만화나 책에도 많이 나오고, 실제로도 씁니다. 어떻게 읽어야 할지 헷갈리게 생겼죠? [야익스]라고 발음하면 됩니다.

두려움, 조심성을 나타내는 표현

🎧 33.mp3

비슷한 감정도 느끼는 정도에 따라 다르게 표현할 수 있어요. 두려움이나 조심성을 나타내는 다양한 표현을 알 아볼까요.

afraid 두려워하는

예 I'm afraid of the principle. 나는 교장 선생님이 두려워.

새 학년이 되어 새로운 친구들을 만나게 되는 게 두렵고 걱정되기도 하죠. 겁이 나고 걱정되서 뭔가 시도하기 두려운 정도의 감정은 afraid로 표현해요. of와 연결해서 무엇이 두려운지 얘기 할 수 있습니다.

scary 겁나게 하는

예 The movie was scary. 그 영화는 무서웠어.

귀신이 나오는 무서운 장면을 얘기할 수도 있고, 호랑이 같이 무서운 선생님도 scary하다고 말 합니다. scary한 것을 보고 겁을 먹었다면 scared(겁을 먹은)라고 해요. 사람이 무서운 감정을 느 낄 때는 scared라는 형용사를 씁니다.

어-흥!
나 무섭지?

horror 공포

(예) I don't like horror movies. 난 공포 영화를 좋아하지 않는다.

'호러 영화'라는 말 들어본 적 있나요? 무서운 영화, 공포 영화를 뜻하는 말인데 우리 일상에서 자주 쓰지요. horror는 몸이 부들부들 떨리고 소름이 돋을 정도의 공포를 말해요.

hesitant 주저하는

(예) I'm hesitant to say sorry to Jina. 나는 지나한테 사과하는 걸 망설이고 있어.

머뭇거리고 주저하는 것을 hesitant라고 해요. '망설이다, 주저하다'라는 뜻의 동사 hesitate에서 나온 형용사예요.

get goosebumps 소름이 돋다

(예) We took the roller coaster. We all got goosebumps.
우리는 롤러코스터를 탔어. 우리 모두 소름이 돋았지.

귀신의 집에 들어가자 귀신 소리가 들립니다. 그럼 도돌 도돌 닭살이 쫙 돋지요. 소름, 닭살은 영어로는 '거위의 살'이라고 표현합니다. 거위와 닭은 비슷하니까 어렵지 않죠? 외국에는 Goosebumps라는 어린이 공포 소설 브랜드도 있어요. 참고로 이 표현은 무서운 때만 쓰는 건 아니에요. 감탄하거나 감동을 받았을 때도 소름이 쫙 돋는데, 그럴 때도 쓸 수 있어요. got은 동사 get(~을 얻다)의 과거형이에요.

careful 조심하는

예) Be careful! 조심해!

여러분이 길에서 뛰면 부모님이 돌에 걸려 넘어지거나 차 사고가 날 수 있으니 조심하라고 하죠. 이렇게 조심하는 걸 careful이라고 해요. 또 어떤 일을 잘못되지 않게 조심하는 것에도 careful을 쓰지요. Be careful of the stairs.(계단 조심해.)처럼 뒤에 of랑 연결해서 무엇을 조심하는지 얘기할 수도 있어요.

caution 조심

예) Caution Ice 빙판조심

공사 중인 건물에는 '조심, 주의'라는 팻말이 붙어 있습니다. 이걸 영어로는 caution이라고 해요. 위험하니 조심하라고 주의를 주는 것이죠.

beware 조심하다

예) Beware Dog 개조심

큰 개를 기르는 집에는 문에 '개 조심'이라는 팻말을 붙이기도 하는데요. 이럴 때 '조심'이라는 의미로 beware라는 단어를 써요. '조심해서 잘 보고 피해라'라는 느낌으로요. 그런데 이 말은 개 조심 팻말 외에는 잘 쓰지 않아요. 쓴다 해도 주로 명령문으로만 씁니다. 개를 조심하라고 할 때는 beware를 쓰고, 공사장이나 얼음길을 조심하라고 할 때는 caution을 씁니다.

You can never be too careful. 아무리 조심해도 지나치지 않다.

예 You can never be too careful of cars. 차 조심은 아무리 해도 지나치지 않아.

이 표현은 글자 그대로 보면 '당신은 절대 너무 조심할 수가 없다'인데, 여러 번 강조해서 조심하고 또 조심하라는 뜻입니다. 좀 돌려서 말하는 표현인 거죠. 영어에는 '그렇게 해도 지나치지 않다'라는 식의 표현이 많이 있어요.

Look before you leap. 돌다리도 두드려보고 건너라.

예 다빈: I've decided to change dance schools. 무용 학원을 바꾸기로 결심했어.
정우: Please look before you leap. 제발 돌다리도 두드려보고 건너.

우리의 '돌다리도 두드려보고 건너라'는 표현을 영어로는 '뛰기 전에 살펴봐라'라고 해요. 잘 안다고 생각하는 일도 다시 잘 따져보고 조심하라는 얘기죠.

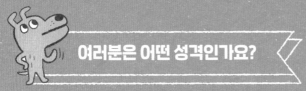

여러분은 어떤 성격인가요?

성격을
말하는 **찰떡 표현**

- 긍정적인 성격
- 부정적인 성격

긍정적인 성격을 나타내는 표현

여러분의 성격은 어떤가요? 성격은 영어로 personality라고 해요. 모든 일을 좋은 쪽으로 생각하는 것을 긍정적이라고 하는데, 이런 성격을 나타내는 영어 표현을 알아볼게요.

nice 착한

(예) 성희: **What's Sua like?** 수아는 어때?

용기: **She's nice.** 그 애는 착해.

nice는 '좋은'이라는 뜻으로 쓰는 대표적인 형용사예요. 성격을 얘기할 때는 '사람이 좋고 착한, 친절한'이라는 의미입니다.

friendly 친절한

(예) **Most Canadians are friendly.** 대부분의 캐나다 사람들은 상냥하다.

친절하고 상냥한 사람은 friendly라는 단어로 표현합니다. '친구'라는 뜻의 friend에서 나온 단어로, 친구처럼 친근하고 상냥하게 대한다는 말이에요.

cool 멋진

(예) **Naeun is very cool.** 나은이는 정말 멋있어.

cool은 원래 '시원한'이라는 뜻인데 '멋진, 좋은'이라는 뜻으로도 씁니다. 멋있는 물건이나 사람에게 쓰는 표현이죠. 뒤끝 없이 시원시원한 성격을 가진 사람을 쿨하다고 합니다.

cheerful 발랄한

예 Jisu is very cheerful. 지수는 매우 발랄하다.

cheerful은 '환호하다, 응원하다'라는 뜻의 동사 cheer에서 나온 형용사예요. 말도 조잘조잘 잘하고, 잘 웃는 쾌활한 성격을 뜻해요. cheer up이라는 말 들어본 적 있나요? 유명한 아이돌 그룹의 노래 제목이기도 하죠? 참고로 cheer up은 '힘 내라, 기운 내라'라고 응원하는 말이에요.

playful 장난기 많은

예 혜린: How about Sihu? 시후는 어때?
규민: He is so playful. 그 애는 정말 장난기가 많아.

동사 play는 '놀다'라는 뜻이에요. 여기서 나온 형용사 playful은 '놀기를 좋아하는, 장난기 많은'이라는 뜻이죠. 쾌활하고 발랄한 종류의 장난기를 말합니다.

outgoing 외향적인

예 준영: What's your personality like? 너는 성격이 어때?
희진: I am outgoing and social. 나는 외향적이고 친구가 많아.

out(밖으로)과 going(가는)을 합쳐서 '밖으로 나가다'라는 뜻인 outgoing은 성격을 말할 때 '외향적인'이라는 뜻이에요. 처음 만난 사람하고도 스스럼 없이 얘기하는 성격인 거죠. 유사한 단어로 친구도 많고 사람들과 잘 어울리는 성격을 말하는 social(사회적인, 사교적인)도 알아두세요. 인스타그램, 페이스북, 카카오페이지 같은 SNS의 맨 첫 글자 S가 바로 이 social에서 온 거예요.

easygoing 무난한

예 Sumin is very easygoing. 수민이는 성격이 아주 무난해요.

이 단어는 easy(쉽게)와 going(가는)이 합쳐진 것으로, 뭐든 어렵지 않고 쉽고 편하게, 무난하게 한다는 말이에요. 말 붙이기도 쉽고, 친해지기 쉽고 느긋해서 별로 화를 안 내는, 그런 성격을 얘기하죠.

energetic 기운이 넘치는

예 Juna's brother is very energetic. 주나의 남동생은 매우 활동적이다.

우리는 '에너지가 넘친다'라는 말을 자주 하는데, 여기서 에너지는 '활기, 기운'이라는 뜻의 영어 단어 energy예요. 즉, energetic은 매일 뛰어 다녀도 지치지 않는 활동적인 사람에게 딱 어울리는 말이죠.

confident 자신감에 찬

예 The school soccer team is very confident that they will win.
학교 축구팀은 자기들이 이길 거라고 자신감에 차 있다.

어떤 일이든 잘할 수 있다고 생각하고 자신감에 차 있는 성격을 나타낼 때 confident라고 해요.

responsible 책임감이 강한

예 선생님: Tell us about yourself. 자기 자신에 대해서 말해 보세요.

영규: I am very responsible and energetic. 저는 매우 책임감이 강하고 활동적입니다.

맡은 일은 어떻게든 끝내려는 사람이나 가족을 위해서 열심히 일하는 사람을 두고 책임감이 강하다고 하지요. 이런 성격을 설명하는 단어가 바로 responsible입니다.

adventurous 모험을 좋아하는

예 수영: This is Thai soup. Would you like to try? 이건 태국 수프야. 너 먹어 볼래?

동우: Sure! I am adventurous. 응! 나는 모험을 좋아하거든.

▶ Thai 태국의

가자! 모험과 탐험의 세계로!

놀이공원에서 '모험'이라는 뜻의 어드벤쳐(adventure)라는 글자를 본 적 있을 거예요. 그 어드벤쳐의 형용사인 adventurous는 모험을 두려워하지 않고 이것 저것 시도해 보는 사람을 얘기해요. 먹어본 적 없는 음식에 도전하는 것도 adventurous로 표현합니다.

polite 예의 바른

예 My mom wants me to be polite. 우리 엄마는 내가 예의 바르기를 원하셔.

만났을 때나 고마울 때 인사도 잘하고, 예의 있게 행동하는 것을 polite이라고 해요. 반대로 예의 없고 버릇없는 것은 rude라고 합니다.

quiet 조용한

예 My dad is very talkative. But my mom is very quiet.
우리 아빠는 수다쟁이야. 반면에 엄마는 아주 조용하셔.

말이 없고 조용한 성격을 quiet하다고 해요. 누군가 도서관에서 시끄럽게 떠든다면 Please, be quiet.(조용히 해 주세요.)라고 말하면 됩니다. 반대로 말이 많은 것은 talkative라고 합니다.

modest 겸손한

예 My cousin, Suan is very modest. 내 사촌인 수안이는 아주 겸손하다.

잘난 체 하지 않는 겸손한 태도는 modest하다고 합니다. modest는 성격을 얘기할 때는 '겸손한'이지만, 옷을 얘기할 때는 '수수한, 화려하지 않은'이라는 뜻인 것도 알아두면 좋아요.

성격

down to earth 잘난 체 하지 않는

예 The actor is very down to earth. 그 배우는 아주 털털해.

'벼가 익으면 고개를 숙인다'라는 속담 들어본 적 있나요? 이 말은 곧 성공할수록 고개를 숙이고 겸손해야 한다는 뜻이에요. 영어에서도 비슷하게 down to earth라고 말합니다. 땅으로(earth) 내려온다(down)는 것은 곧 실제 능력과 명성에 비해 털털하고 잘난 체를 안 한다는 뜻이죠. 문제를 해결할 때 엉뚱한 소리를 하지 않고 현실적으로 접근한다는 말이기도 해요.

cautious 조심스러운

(예) **Jihu is too cautious. He can't decide anything.** 지후는 너무 신중해. 뭘 결정하지를 못 해.

돌다리도 두드려보는 신중한 성격을 영어로는 cautious라고 해요. 앞에서 배운 caution(조심, 경고)하고 뿌리가 같아요. 조심성이 있어서 어떤 일이든 많이 생각하고 움직이는 성격을 말하죠.

considerate 생각이 깊은

(예) **Mina is very considerate. She gave me her gloves on the cold day.**
미나는 배려심이 있어. 추운 날 나한테 자기 장갑을 줬어.
▶ gloves 장갑

다른 사람들의 마음을 헤아리고 이해하고 배려하는 것은 considerate이라고 해요. 비슷한 말로 '생각하다'라는 동사 think에서 나온 형용사 thoughtful도 배려심이 있고 생각이 깊은 성격을 나타냅니다.

🎧 35.mp3

걱정이 많고 나쁜 쪽으로만 생각하는 경향을 부정적이라고 해요. 그렇지만 그런 성격이 꼭 나쁜 것은 아니니까 걱정 말아요. 사람은 여러 가지 모습을 가지고 있고, 그게 자연스러운 거니까요.

negative 부정적인

예 **Don't be negative. Let's be positive.** 부정적으로 생각하지 마. 우리 긍정적으로 생각하자.

항상 뭔가 잘 안 될 거라고 나쁜 생각만 한다면 그 사람은 매우 negative한 거예요. 긍정적인 (positive) 성격과 반대되는 성격이죠.

lazy 게으른

예 **Don't be a lazy person.** 게으른 사람이 되지 마.

일하기 싫어하고 게으른 것은 lazy라고 해요. 동물로 치면 나무 늘보나 판다가 떠오르지요? 반대로 성실하고 열심히 하는 것은 hardworking이라고 합니다.

움직이는 건 귀찮아~~

mischievous 말썽꾸러기의

예 *Tom Sawyer* **is about a mischievous boy.** 톰 소여는 말썽꾸러기 소년에 대한 이야기다.

장난을 너무 심하게 치거나 말썽을 일으키는 성격은 mischievous라고 해요. 비슷한 단어로는 naughty가 있어요. 두 단어 모두 발음이 어렵게 느껴질 수 있으니 음성 파일을 듣고 여러 번 따라 말해 보세요.

성격

mean 못된

(예) **You are very mean. You sound like a bully.** 너 너무 못됐다. 꼭 깡패 같은 소리를 하네.

mean은 '못된, 못되게 구는'이라는 뜻의 형용사예요. nice나 friendly의 반대말이죠. 말이나 행동을 못되게 하는 것을 얘기할 때 씁니다. mean은 '의미하다'라는 뜻의 동사로도 많이 쓰니 헷갈리지 않게 주의하세요.

stubborn 고집이 센

(예) **My brother is as stubborn as a mule.** 우리 오빠는 고집이 아주 세.

남의 말을 절대 안 듣는 사람이 주변에 있나요? 그런 고집 센 성격을 stubborn하다고 해요. 한국에서는 고집이 아주 센 것을 '소처럼 고집이 세다'고 해서 쇠고집이라고 하는데 영어에서는 당나귀(mule)처럼 고집이 세다고 해요. 말은 다르지만 생각이 비슷해서 재미있지 않나요?

stuck-up 잘난 체하는

(예) **That boy band member is really stuck-up.** 그 남자 아이돌 그룹 멤버는 정말 잘난 체를 해.

stuck은 '~을 붙이다, ~에 붙다'라는 동사 stick에서 나온 형용사예요. 찐득찐득 잘 붙는 스티커(sticker) 역시 여기서 나온 말입니다. 잘난 체를 하는 사람들은 어깨에 힘이 들어가고 고개를 빳빳이 들고 다니겠지요. 그래서 고개나 턱이 위에(up) 붙었다고(stuck) 표현하는 거예요. 기가 너무 살면 턱이 올라가서 내려올 줄을 모르는 거죠.

selfish 이기적인

(예) **My brother is very selfish. He never shares.** 우리 오빠는 정말 이기적이야. 절대 나눌 줄을 몰라.
▶ share 나누다

자기만 생각하는 사람을 보고 이기적이라고 합니다. 영어로는 selfish라고 해요. self는 '스스로, 자기 자신' 뜻하지요.

childish 유치한

예 희진: My dad wants a toy car for Christmas. 우리 아빠는 크리스마스 선물로 장난감 차를 원해.

승호: Well, he's kind of childish. 음… 약간 어린애 같으시구나.

자기 또래보다 어린 아이 같은 행동을 하거나 취향이 아이 같을 때, 이런 걸 두고 유치하다고 하죠. 영어로는 childish라고 해요.

sensitive 예민한

예 Jaemin is so sensitive. I can't say anything to him.
재민이는 너무 상처를 잘 받아. 나는 그 애한테 무슨 말을 할 수가 없어.

남의 말이나 행동에 상처를 쉽게 받고 예민한 성격은 sensitive하다고 해요. 또 뾰루지가 잘 나거나 금새 빨개지는 민감한 피부를 얘기할 때도 sensitive를 씁니다.

shy 수줍음을 많이 타는

예 Sumi is very shy. 수미는 매우 내성적이에요.

다른 사람 앞에 잘 나서지 못하고 처음 만난 사람과는 말도 잘 못하는 것을 내성적이고 수줍음을 많이 탄다고 합니다. 영어로는 shy라고 해요. 수줍음을 타는 것은 나쁜 것이 아니지만 너무 심하게 낯을 가리면 친구를 사귀기가 어려워요. 부끄럽더라고 처음 만난 친구에게 용기를 내서 말을 걸어 보세요.

whiney 징징거리는

예 영광: Naru is very whiney. 나루는 너무 징징거려.

송이: But you know, she's only 3. 하지만 너도 알다시피 그 애는 겨우 3살이야.

whiney는 '칭얼거리다, 징징거리다, 우는 소리를 하다'는 뜻의 동사 whine에서 나온 형용사예요.

\ 나 못하겠어 /

칭얼

칭얼

nosy 참견하기 좋아하는

예 **My aunt is very nosy.** 우리 고모는 참견하는 걸 엄청 좋아해.

남의 일에 자꾸 참견하는 사람을 한국어로는 '오지랖이 넓다'라고 해요. 영어로는 nosy라고 합니다. 명사 nose(코)에서 나온 형용사 nosy는 주변 일에 냄새를 맡듯이 코를 들이대는 것이라고 생각하면 기억하기 쉽습니다.

It's none of your business. 네가 상관할 일이 아니야.

예 소정: **I think you should apology to her.** 난 네가 그녀에게 사과해야 한다고 생각해.

　　동현: **It's none of your business.** 그건 네가 상관할 바가 아니야.

누군가 내 일에 참견하면 이렇게 말해 주세요. business는 '사업, 장사'라는 뜻으로 많이 알고 있죠? 하지만 business가 꼭 회사 일만을 뜻하는 건 아닙니다.

질투는
초록색?!

영어에서 파란색은 우울과 슬픔을 뜻해요.

그래서 '우울하다'라고 할 때 feel blue라고 합니다.

반면 초록색은 질투와 관련이 있어요. **be green with envy**는

'질투로 초록색이 되다'라는 표현입니다. envy는

명사로는 '질투, 시샘'이라는 뜻입니다. 그런데 왜 질투심을 느끼면 초록색이 된다고 할까요?

Grass is greener on the other side of the fence.(다른 울타리 쪽의 잔디가 더 푸르다.)

이 속담은 '남의 떡이 더 커 보인다'라는 말입니다.

비교 대상이 잔디라서 초록색이 곧 질투를 상징하게 됐어요.

주야: Jungmin won the prize. 정민이가 상을 탔어.

제롬: I know. I am so green with envy.
나도 알아. 샘이 나서 죽겠어.

옆집 잔디가
더 푸르잖아!

외형을 영어로 제대로 표현하고 싶다면?

외형을
나타내는 **찰떡 표현**

• 외형

주변 사물의 형태나 사람의 외모를 설명할 때는 주로 형용사를 써요. 형용사를 많이 쓰면 문장이 다채로워지죠. 영어 소설이나 동화를 보면 다양한 형용사를 배울 수 있습니다.

pretty 예쁜

🔵 태우: **Your new shoes are very pretty.** 네 새 신발 진짜 예쁘다.

슬기: **Thank you.** 고마워.

예쁘다고 할 때 가장 대표적으로 쓰는 단어는 pretty예요. 물건뿐 아니라 사람에게도 쓸 수 있는데, 사람이라면 주로 여자에게 써요.

cute 귀여운

내가 좀
귀엽긴 하지~

🔵 **Your puppy is so cute!** 너희 강아지 정말 귀엽다!

cute는 '귀여운'이라는 뜻으로 아기, 어린이, 남자, 인형이나 새끼 동물에게 주로 써요. 물론 귀여운 물건에도 쓸 수 있답니다.

beautiful 아름다운

🔵 **Jenny's eyes are beautiful.** 제니의 눈은 아름답다.

주로 여자나 아름다운 순간, 건물, 장소 등을 얘기할 때 써요. 노래 가사나 제목에도 자주 나오는 단어랍니다. 같은 뿌리에서 나온 단어 beauty는 '아름다움'이란 뜻도 되고 '미인'이라는 뜻으로도 써요. 우리가 많이 아는 동화 [미녀와 야수]의 영어 제목이 Beauty and the Beast예요.

gorgeous 아주 멋진

예 세영: Look at this beach! 이 해변 좀 봐!

인성: Gorgeous! 정말 멋지다!

아름답고 멋진 것을 얘기하는 또 다른 단어예요. 남자, 여자 모두에게 쓸 수 있고 사물이나 상황을 표현할 수도 있습니다. 미국 드라마나 영화에도 자주 나와요.

handsome 잘생긴

예 His son is very handsome. 그 사람 아들이 아주 잘생겼어.

handsome은 주로 남자에게 쓰는 단어예요. 외적으로 잘생겼다는 의미입니다.

good-looking 외모가 멋진

예 Min and Jiho are a good-looking couple. 민이와 지호는 잘생기고 예쁜 커플이다.

남자와 여자 모두에게 쓸 수 있는 표현이에요. 잘생기고 예쁘다는 뜻이죠. 단, 성격이나 태도 같은 다른 것은 안 되고 외모만 말하는 표현입니다.

plain 수수한

예 Jane Eyre thought she was plain. 제인 에어는 본인이 평범하다고 생각했다.

평범하고 수수한 사람이나 물건은 plain이라고 해요. 물건이라면 '무늬나 패턴이 없는'이라는 뜻이고, 사람이라면 '외모가 평범한'이라는 뜻이에요. 요구르트나 과자가 플레인 맛이라고 하면 다른 맛이 첨가되지 않은 본연의 맛이라는 뜻이죠. 상대방의 기분이 나쁠 수도 있기 때문에 사람에게는 쓰지 않는 게 좋아요.

circle
원형

star
별 모양

pentagon
오각형

oval
타원형

triangle
삼각형

rectangle
직사각형

hexagon
육각형

여러 색깔

red	빨간색	blue	파란색
yellow	노란색	purple	보라색
white	흰색	brown	갈색
black	검정색	green	초록색
pink	분홍색	gold	금색
silver	은색	orange	주황색
navy	남색	burgundy	자주색

사물

노는 게 제일 좋아! 오늘은 뭘 하고 놀까?

동작과 활동에
어울리는 **찰떡 표현**

- 동작
- 야외활동
- 체육, 스포츠

동작을 나타내는 표현

🎧 37.mp3

보고, 듣고, 사고, 받는 등 우리는 매일 여러 가지 동작과 활동을 합니다. 이런 동작, 활동에 대한 영어 단어를 배워봅시다.

carry ~을 가지고 다니다

예 의지: **Do you have a handkerchief?** 너 손수건 있니?

새론: **Sure. I always carry one.** 물론이야. 난 항상 하나 가지고 다녀.

▶ handkerchief 손수건

carry는 원래 '어떤 물건을 나른다'는 뜻인데, 물건을 나르려면 지니고 있어야 하기 때문에 무언가를 항상 가지고 다닌다는 뜻으로도 씁니다.

take ~을 가지고 가다

예 수하: **I like this toy.** 난 이 장난감이 마음에 들어.

아름: **Do you want to have it? You can take it.** 그거 가지고 싶어? 너 그거 가져가도 돼.

take는 뜻이 아주 많은 동사예요. '어떤 물건을 가지고 가다, 사람을 데리고 가다'라는 뜻이 가장 대표적인 뜻입니다. 가게에서 물건을 사는 것도 결국 그 물건을 가지고 가는 거니까 take를 써요. 잠깐 쉬는 시간을 '가지는' 것도 take a break라고 하고요.

bring ~을 가지고 오다

예 **Please don't forget to bring the library book.** 도서관 책 가지고 오는 거 잊지 마세요.

▶ forget 잊어버리다　library 도서관

take가 가지고 '가는' 거라면 bring은 가지고 '오는' 거예요. 그리고 사람을 데리고 온다는 뜻도 있습니다. 물건을 가지고 올 때도 bring, 기쁨이나 행복 같은 느낌을 가져올 때도 bring이라고 해요.

use ~을 사용하다

(예) 정현: Can I use your cell phone? 네 핸드폰 좀 써도 될까?

유정: Sure. 물론이야.

어떤 물건이나 시설을 이용하는 것뿐 아니라 신체를 사용하는 것도 use로 표현해요. 참고로 use 뒤에 up이 붙으면 돈이나 연료 등을 다 써버렸다는 말이 됩니다.

hand in ~을 제출하다

(예) You must hand in your homework by tomorrow.
여러분은 숙제를 내일까지는 제출해야 해요.

'손'이라는 뜻의 명사인 hand는 동사로 쓰면 '손으로 건네다'라는 뜻입니다. 그래서 숙제를 선생님께 제출하는 것을 영어로는 hand in이라고 해요. 참고로 선생님이 수업 시간에 나눠 주시는 자료는 handout이라고 해요. '손으로 건네 주는' 자료기 때문이죠. 이렇게 명사일 때는 handout처럼 붙여서 써요.

push ~을 밀다

(예) Can you push the chair to me? 의자 좀 내 쪽으로 밀어 줄래?

push는 우리 생활에서 쉽게 찾아볼 수 있는 단어예요. 가게 문을 잘 살펴보세요. [미세요]나 [push]라는 문구가 붙어 있습니다. push는 물건이나 사람을 민다는 뜻이에요. 엘리베이터 같은 기계의 버튼을 누르는 것 역시 push라고 해요. 또 하기 싫은 것을 억지로 하게 만들 때도 push한다고 해요. 그걸 하도록 밀어붙인다는 말이죠.

pull ~을 당기다

(예) Please pull the door open. 문을 잡아 당겨 여세요.

pull은 내 쪽으로 잡아당기고 뽑는다는 뜻입니다. 내 쪽으로 당겨야 열리는 문에는 보통 [당기시오]나 [pull]이라는 스티커가 붙어 있어요.

동작과 활동

pass ~을 건네주다

예 Can you pass me the paper there? 저기 있는 종이 좀 건네줄래?

옆 사람에게 근처에 있는 물건을 달라고 할 때 쓰는 동사가 pass입니다. 패스라는 말은 운동할 때 자주 쓰지요. 공을 다른 선수에게 보내주는 것을 '패스한다'고 하잖아요. pass는 또한 '시험에 합격하다'라는 뜻도 있어요.

give ~을 주다

예 Give me a call, please. 나한테 전화 좀 해 줘.

give는 '~을 주다'라는 뜻이에요. give 뒤에 오는 사람에게 무언가를 주는 거죠. 즉, 'A에게 B를 주다'는 give A B가 됩니다. call은 '전화'라는 뜻인데 전화를 준다는 건 곧 '전화한다'라는 말입니다. give a call처럼 받는 사람 없이 주는 물건만 말하기도 합니다.

borrow ~을 빌리다

예 I borrowed scissors from Junyoung. 나는 준영이한테 가위를 빌렸다.

친구에게 물건을 빌리거나 도서관에서 책을 빌리는 것처럼 '빌린다'는 말은 영어로 borrow라고 해요. 뒤에 from(~로부터)을 붙이면 누구에게서 빌리는지 말할 수 있습니다.

lend ~을 빌려주다

예 Junyoung lent me scissors. 준영이는 나에게 가위를 빌려주었다.

남에게 물건을 빌려주는 입장이라면 '~을 빌려주다'라는 뜻의 lend를 씁니다. lend A B 즉, 'A에게 B를 빌려주다'의 형태로 써요. lent는 동사 lend(빌려주다)의 과거형입니다.

listen 듣다

예 **Please listen. Clean your room.** 제발 말 좀 들어. 네 방 좀 치워라.

영어에는 '듣다'라는 뜻의 동사도 여러 개가 있어요.
가만히 있어도 그냥 들리는 것은 hear라고 하고, 주
의를 기울여서 듣는 것은 listen이라고 해요. listen
은 주로 음악이나 남의 말을 듣는 걸 말해요. 뒤에
전치사 to와 연결해서 무엇을 듣는지 말할 수 있습
니다.

look at ~을 쳐다보다

예 **What are you looking at?** 너 지금 뭘 보고 있는 거야?

'보다'라는 뜻을 가진 동사도 여러 개여서, 각 상황마다 다른 동사를 써요. look은 '사람이나 사
물을 바라보다, 쳐다보다'라는 뜻의 동사입니다. 뒤에 at이라는 전치사와 연결해서 무엇을 쳐다
보는지 말할 수 있어요. 참고로 see는 '보이다'라는 뜻에 가까워요. 그냥 눈을 뜨면 보이는 것들
을 말해요.

watch ~을 보다

예 미주: **What do you do after school?** 넌 학교 끝나면 뭐 하니?

인범: **I usually watch TV.** 나는 주로 TV를 봐.

영화나 TV를 보는 것은 watch라고 합니다. 영화는 see a movie라고 해도 되지만, TV는 항상
watch TV라고 말해요. 참고로 watch는 '조심해라, 잘 봐라'라는 뜻으로도 써요. 앞에서 배운
Be careful.(조심해.)과 비슷한 뜻이죠.

help ~을 돕다

예 **Can you help me with my homework?** 제 숙제 좀 도와주실래요?

누군가를 돕는 것은 help라고 합니다. 뒤에 전치사 with와 연결해서 무엇을 도와야 하는지 말
할 수 있어요. Help!라고 하면 '도와줘!'라는 말입니다.

동작과 활동

make ~을 만들다

예 I made this kite by myself. 나는 이 연을 혼자서 만들었어.

▶ kite 연   by myself 나 스스로, 직접

'무언가를 만들다'라는 뜻의 동사 make는 카드나 공작, 옷, 요리 등 만드는 것에는 모두 쓸 수 있어요. 또한 말썽이나 문제를 일으키는 것도 make trouble이라고 해요. 시끄럽게 소음을 내는 것은 make noise라고 하고요. 친구를 사귀는 것도 make friends라고 합니다.

buy ~을 사다

예 Mom, can you buy me a new school bag? 엄마, 저 새 책가방 사 주실 수 있어요?

가게에서 물건을 돈을 주고 사는 것을 buy라고 해요. '~을 사다, 구입하다'라는 뜻의 동사죠.

get ~을 받다

예 I got 100 points in English. 나 영어에서 100점 받았어.

get은 정말 여러 가지 뜻을 가지고 있어요. 물건을 받고, 사고, 구하고, 점수를 받는 것에도 get을 써요. 그리고 누군가를 데리고 오는 것과 사람이 어딘가에 도착하는 것도 get을 쓰지요. 뒤에 형용사와 함께 쓰면 '어떤 상태가 되다'라는 의미도 됩니다. 그때그때 상황에 맞게 해석하면 됩니다.

keep 계속 ~하다

예 Please keep silent. 계속 조용히 해 주세요.

keep은 '무언가를 계속 같은 상태로 보관하고 오래 두다'라는 뜻을 가지고 있어요. 또 '어떤 행동을 계속하다'나 '어떤 상태를 유지하다'라는 뜻으로도 씁니다. [니모를 찾아서]라는 영화를 보면, 인간에게 잡혀간 니모를 찾기 위해 아버지 멀린과 친구 도리가 계속 헤엄쳐서 가는 장면이 나오는데요. 그때 하는 말이 Just keep swimming.(그냥 계속 헤엄치자.)입니다.

throw ~을 던지다

예 **Please do not throw a ball at the window.** 창문에 공을 던지지 마세요.

'~을 던지다'는 throw라고 해요. throw는 공이나 물건을 던진다는 뜻은 물론, 뒤에 out이나 away를 붙여서 '버린다'는 뜻도 가지고 있어요. 또한 '파티나 행사를 열다'라는 뜻으로도 씁니다.

do ~을 하다

예 엄마: **Did you do your homework?** 너 숙제 했니?

민호: **Not yet!** 아직 안했어요!

'무언가를 하다'라고 할 때 제일 먼저 생각나는 단어가 do일 거예요. 주로 do my homework(내 숙제를 하다)나, do the dishes(설거지를 하다)처럼 씁니다.

call (이름, 택시)를 부르다

예 **My name is Minsu. You can call me Min.** 내 이름은 민수야. 민이라고 불러도 돼.

call은 동사로 '전화하다'라는 뜻인데 '사람의 이름을 부르거나 택시를 부르다'라는 뜻도 있어요. 전화로 부르는 택시를 콜택시(call taxi)라고 하는데, 여기서 나온 말이에요.

야외 활동은 어딘가로 가서 해야 하기 때문에 go와 함께 쓰는 경우가 많습니다. 그 외에도 다양한 야외 활동 표현을 알아볼게요.

go on a picnic 소풍을 가다

예 We are going to have a picnic at the park tomorrow.
우리는 내일 공원으로 소풍을 갈 거예요.

소풍은 영어로 picnic이라고 해요. 일상에서 '피크닉'이라는 영어 단어를 그대로 쓰기도 하지요. '소풍을 가다'는 go on a picnic이나 have a picnic이라고 합니다. '파티를 하다'를 have a party라고 하는 것처럼 '소풍을 가지다 → 소풍을 가다'라고 생각하면 have a picnic이 이해될 거예요.

go for a walk 산책을 가다

예 I always go for a walk after dinner. 난 항상 저녁식사 후에 산책을 나간다.

walk는 동사로 '걷다'라는 뜻이고, 명사로 쓰면 '산책, 걷는 것'이라는 뜻이에요. go for는 '~을 하러 가다'라는 뜻이므로 go for a walk는 '산책을 하러 가다'라는 말이 되지요.

ride a bicycle 자전거를 타다

예 Let's go out and ride a bicycle. 우리 나가서 자전거 타자.

ride는 '~을 타다'라는 뜻의 동사기 때문에, 자전거나 오토바이를 탄다고 할 때 이 ride를 써요. 말을 타는 것도 역시 ride a horse라고 하죠.

play catch 공놀이를 하다

예 Let's play catch at the park. 우리 공원에서 공놀이 하자.

공원이나 놀이터, 학교 운동장에서 하는 공놀이는 play catch라고 합니다. catch는 '잡기 놀이'
라는 뜻이에요. 또는 play with a ball이라고도 해요.

run 달리다

예 My father runs every morning. 우리 아빠는 매일 아침 달린다.

'달리다'는 go running(달리러 가다)이나 run이라고 해요. '조깅하다'라는 말을 들어본 적 있을 텐
데요, 이 조깅이 영어입니다. 조깅(jogging)은 '달리다'라는 뜻의 단어 jog에서 나왔습니다. 요즘
에는 이렇게 건강을 위해서 달리는 것을 jog보다 run이라고 하는 편이에요.

ski 스키를 타다

예 Are you good at skiing? 너 스키 잘 타니?

ski는 동사와 명사 모두로 다 쓸 수 있어요. '스키를 타다'는 go skiing이라고도 하고, 그냥 ski
라고 해도 됩니다. ski는 ing를 붙여 쓸 때 i가 두 개인 것에 주의하세요.

skate 스케이트를 타다

예 I used to skate all the time in the winter. 나는 겨울에 항상 스케이트를 타곤 했다.
　▶ all the time 항상

겨울에 얼음 위에서 날이 달린 신발을 신고 슝슝 미끄러져 나가는 스케이트! '스케이트를 타다'
라는 말은 영어로 go skating이나 그냥 skate라고 해요. skate는 동사로 '스케이트를 타다'라는
뜻이고, 명사로는 '스케이트'를 뜻하지요. a pair of skates는 스케이트 신발 한 켤레를 말해요.
신발 종류에 a pair of(한 켤레의)를 앞에 붙이면 한 켤레를 의미합니다.

swim 수영하다

예 I swim very well. 나는 수영을 아주 잘해.

'수영하다'는 swim이나 go swimming(수영하러 가다)이라고 해요. 수영은 보통 수영장이나 바다에 가서 하니까 go를 넣어 말하죠.

eat out 외식하다

예 Do you want to eat out? 너 외식하고 싶어?

밖에서(out) 먹는(eat) 것이 곧 외식이지요. 그래서 eat out이라고 합니다. 음식을 배달시켜서 먹는 것은 order in이라고 해요. order(주문하다)와 in(안으로)이 합쳐져서 '집 안으로 주문하다=배달하다'라는 뜻이 되었어요.

adventure 모험

예 해인: What kind of game do you play? 너는 어떤 종류의 게임을 하니?
범준: I like adventure games. 나는 모험을 하는 게임을 좋아해.

지루한 일상에서 벗어나서 색다른 모험을 한 적이 있나요? '모험'은 영어로 adventure라고 해요. 정글에 가는 것처럼 대단한 모험만을 말하는 것은 아니고, 게임이나 놀이 공원에서도 많이 쓰는 단어예요. 앞에서 모험심 많은 성격을 adventurous라고 했는데, 같은 뿌리에서 나온 단어랍니다.

explore 탐험하다

예 Would you like to explore Seoul? 서울을 탐험해 보고 싶으세요?

도라(Dora)라는 여자 아이가 나오는 만화 영화 [하이도라]를 본 적 있나요? 이 영화의 영어 제목은 Dora, the explorer(탐험가 도라)라고 해요. '탐험하다'라는 동사 explore에서 나온 explorer는 '탐험가'라는 뜻이에요. 거창한 탐험 말고도 동네를 여기저기 알아보고 다니는 것도 영어에서는 '탐험'이라고 해요.

go to+장소

go to a park	공원에 가다
go to a zoo	동물원에 가다
go to a movie theater	영화관에 가다
go to an exhibit	전시회에 가다

go on+활동

go on a field trip	현장학습을 가다
go on a picnic go on an excursion	소풍을 가다
go on a journey	여행을 가다
go on vacation	휴가를 가다

go+동명사

go fishing	낚시를 하러 가다
go skiing	스키를 타러 가다
go swimming	수영을 하러 가다
go bowling	볼링을 치러 가다
go rollerblading	인라인 스케이트를 타러 가다
go running	달리러 가다
go skating	스케이트를 타러 가다

go for+활동

go for a walk	산책을 가다
go for a bike ride	자전거를 타러 가다
go for a run	달리기를 하러 가다
go for a swim	수영을 하러 가다
go for a drive	드라이브를 하러 가다

동작과 활동

체육, 스포츠를 나타내는 표현

run, swim, ski, skate, snowboard처럼 동사 하나로 '어떤 운동을 하다'라는 뜻을 전달하는 단어가 있고, play나 do를 앞에 붙여야만 하는 단어도 있어요.

exercise 운동하다

예) 윤경: **Do you exercise regularly?** 너 규칙적으로 운동해?

지원: **Yes, I run in the morning.** 응, 나는 아침에 조깅을 해.

일반적인 의미에서 '운동하다'라고 할 때는 exercise라고 합니다. 명사로는 '운동'이라는 뜻도 있고, '훈련, 연습'이라는 뜻도 있어요.

work out 운동하다

예) **My mom works out at home watching YouTube videos.**
우리 엄마는 집에서 유튜브 영상을 보면서 운동을 하셔.

work out은 exercise처럼 '운동하다'라는 뜻인데, 건강이나 몸매 유지를 위해 운동을 한다는 의미로 많이 씁니다. workout이라고 붙여 쓰면 '운동'이라는 명사가 되지요. 헬스클럽에 가거나 집에서 운동을 하는 것 모두 work out이라고 해요.

~ player 어떤 운동을 하는 사람, 선수

예) **I'm a soccer player.** 전 축구를 해요.

play soccer(축구를 하다)처럼 [play+운동]으로 말하는 경우에는 그 운동을 하는 사람을 [운동+player]로 나타냅니다. 그 종목을 뛰는 선수를 의미하기도 하지만 문맥에 따라서는 취미로 정기적으로 하는 사람도 얘기할 수 있어요. 그 외에는 swimmer(수영하는 사람)처럼 단어 뒤에 er을 붙이면 '그것을 하는 사람'이라는 뜻이 됩니다.

176

운동선수 / 운동을 하는 사람

runner 달리기 선수

basketball player 농구 선수

tennis player 테니스 선수

baseball player 야구 선수

soccer player 축구 선수

ping pong player 탁구 선수

golfer 골프 선수

skier 스키 선수

athletic 운동을 잘하는

예 나리: **Are you athletic?** 너 운동 잘해?

성윤: **No, I'm poor at all sports.** 아니, 나는 모든 스포츠에 서툴러.

▶ poor 서투른

운동 신경이 좋고 운동을 잘하는 사람은 운동선수 같다고 하는데, 영어로는 athletic이라고 말합니다. 반대로 운동 신경이 없다면 not athletic이라고 하면 됩니다. 운동선수는 영어로 athlete이라고 하고, 프로 운동선수는 앞에 professional(전문적인)이라는 단어를 붙여서 professional athlete이라고 합니다.

go to a gym 헬스클럽에 가다

예 **My brother wants to go to a gym.** 내 남동생은 헬스클럽에 다니고 싶어 해.

gym은 '체육관'이라는 뜻이에요. 학교에 있는 체육관이나 여러 운동기구가 있는 헬스클럽을 의미해요. 헬스클럽(health club)도 영어지만 실제 영어권에서는 잘 쓰지 않는 콩글리시예요. 이런 운동하는 곳을 gym이나 fitness center라고 해요.

treadmill 러닝머신

예 My dad runs on the treadmill in the winter.
우리 아빠는 겨울에는 러닝머신에서 뛴다.

러닝머신을 가지고 있는 집도 많이 있죠? 하지만
러닝머신(running machine)은 콩글리시에 가까워요.
영어로는 treadmill이라고 합니다.

Go, Korea, go! 한국팀, 파이팅!

예 성훈: The game is starting. 경기 시작한다.
　　선영: Go, Korea, go! 한국팀 파이팅!

운동 경기에서 응원을 하거나 힘내야 하는 일이 있을 때 쓰는 표현 '파이팅'은 대표적인 콩글리시입니다. 한국에서만 쓰는 영어죠. '싸우다'라는 동사 fight에서 나온 명사인 fighting은 원래는 '싸움'이라는 뜻이에요. 영어로 응원을 할 때는 'Go, go go!'라고 해요. '가자!'라고 외치면서 힘을 불어넣는 거죠.

Goal in! 골인!

예 Shoot! Goal in! 슛! 골인!

공으로 경기하는 구기 종목에서 공을 골대 안에 넣어 점수를 따내는 것을 goal in이라고 해요.
축구 경기에서 많이 들어 봤을 거예요. goal은 '골, 득점'이고, 그 골이 골대 안에(in) 들어갔다는
뜻이에요. 참고로 goal은 '목표'라는 뜻으로도 많이 씁니다. 골을 넣는 것이 경기의 목표니까요.

goalie 골키퍼

예 I want to be a goalie for the team. 저는 팀의 골키퍼가 되고 싶어요.

골대를 지키고 있는 사람은 골키퍼(goalkeeper)라고 부르죠. 영어로는 주로 goalie라고 해요. 물론 goalkeeper라고 해도 됩니다.

referee (스포츠 경기의) 심판

예 I will be the referee this time. 내가 이번엔 심판을 할게.

어떤 경기든 심판이 있습니다. 심판은 영어로 referee라고 한답니다.

score 점수를 내다

예 Messi scored again in the second half. 메시는 후반전에 또 득점을 올렸다.

▶ second half 후반전 (전반전은 first half)

score는 명사로는 '점수', 동사로는 '득점을 올리다'라는 뜻이에요. 우리가 일상에서 영어 단어 그대로 '스코어'라고 많이 쓰지요.

win 2 to 1 2대 1로 이기다

예 수경: Did we win? 우리가 이겼어?

영준: Yeah. We won the game 2 to 0. 응. 우리가 2대 0으로 경기에서 이겼어.

스포츠는 이기고 지는 승부가 나지요. 경기에서 이기는 것은 win, 지는 것은 lose라고 합니다. 즉 '경기에 이기다'는 win the game이라고 하고, '경기에 지다'는 lose the game이라고 합니다. '몇 대 몇'이라고 점수를 말할 때는 '숫자 to 숫자' 이렇게 써요.

tie game 동점 게임

예 It was a tie game. 그건 동점 경기였다.

[1:1]처럼 점수가 같은 것을 영어로는 tie라고 해요. tie는 원래 동사로 '묶다'라는 뜻이에요. 아빠가 양복 입을 때 메는 넥타이(necktie)에도 이 tie가 들어가지요. 이 단어가 스포츠에서는 '동점이다, 비기다'라는 말이 됩니다. tie game은 '동점, 무승부, 막상막하의 경기'라는 뜻이에요.

play+운동

play soccer	축구를 하다
play baseball	야구를 하다
play volleyball	배구를 하다
play basketball	농구를 하다
play ping pong	탁구를 치다
play American football	미식축구를 하다
play hockey	하키를 하다
play badminton	배드민턴을 치다
play tennis	테니스를 치다
play golf	골프를 치다

do+운동

do yoga	요가를 하다
do Pilates	필라테스를 하다
do aerobics	에어로빅을 하다
do stretching	스트레칭을 하다

5시 15분은 영어로 어떻게 말할까?

시간과 날씨를
말하는 찰떡 표현

- 시간
- 명절, 기념일
- 날씨

시간을 나타내는 표현

40.mp3

시간과 날씨는 일상생활에서 매일 얘기하는 중요한 주제예요. 이와 관련된 기본 단어와 거기서 나온 표현을 알아볼게요.

the day after tomorrow 모레

예 서호: When is the field trip? 현장 학습이 언제지?

윤진: It's the day after tomorrow. 모레야.

the day after tomorrow는 뒤에서부터 해석해야 해요. 내일(tomorrow)의 다음(after) 날(day), 즉 이틀 후인 모레를 뜻해요. 만약 오늘이 1월 10일이라면 모레는 1월 12일이 되겠죠.

the day before yesterday 그저께

예 I visited my grandfather the day before yesterday.
나는 그저께 우리 할아버지한테 갔었어.

the day before yesterday 역시 뒤에서부터 해석하면 됩니다. 어제(yesterday)의 전날(day before), 즉 이틀 전인 그저께를 말해요. 만약 오늘이 1월 10일이라면 그저께는 1월 8일이 되겠죠.

ago ~전에

예 I went to Jeju Island two months ago. 난 두 달 전에 제주도에 갔었어.

'이틀 전, 한 시간 전, 일주일 전'처럼 과거의 시간은 [시간+ago]라고 말해요. 다시 말해 '이틀 전에'는 two days ago, '한 시간 전에'는 one hour ago, '일주일 전에'는 a week ago라고 합니다. went는 동사 go(가다)의 과거형이에요.

this time last year 작년 이맘때

(예) **There was more snow this time last year.** 작년 이맘때는 눈이 더 많이 왔다.

'작년 이맘때'라는 것은 작년의 지금 시기를 말하죠. 영어로는 this time last year라고 해요. 한국어로는 '작년'이 먼저 나오지만 영어는 '이맘때'가 먼저 나온다는 점에 주의하세요. 영어는 작은 시간을 먼저 쓰고 큰 시간이 뒤에 나옵니다. 지난 달 이맘때는 this time last month라고 하고, 3년 전 이맘때는 this time three years ago라고 해요.

first time 처음에는

(예) **First time I saw Jun, I didn't like him.** 준이를 처음 봤을 때, 나는 그 애를 좋아하지 않았어.

time에는 '시간'이라는 뜻 말고도 '때, 경우'라는 뜻이 있어요. 그 time 앞에 '첫 번째의'라는 뜻의 first가 붙은 first time은 '처음에'라는 말이 됩니다. time을 떼고 그냥 first라고 하거나 at first라고 해도 같은 의미예요. saw는 동사 see(보다)의 과거형입니다.

last time 지난번에

(예) **When was the last time you saw Mina?** 너 미나를 마지막으로 본 게 언제야?

last는 '마지막에, 바로 전에'라는 뜻이라서 last time이라고 하면 '마지막에, 지난번에'라는 말이에요. 바로 직전을 뜻할 수도 있고, 맨 마지막 순서를 뜻할 수도 있어요. 말하는 상황에 따라 파악하면 됩니다. time을 떼고 그냥 last만 쓰기도 해요.

in time 시간에 맞게

(예) **We will be there in time for the appointment.**
우리는 예약 시간에 맞게 제때 도착할 거야.
▶ appointment (병원 등의) 약속, 예약

약속 시간에 늦지 않는 것을 in time이라고 해요. 예를 들어 2시 약속이라면 그 전에 여유 있게 미리 도착하는 거죠.

on time 시간에 딱 맞게

(예) The traffic was pretty bad. We got there right on time.
교통이 꽤 안 좋았어. 우리는 거기에 딱 약속 시간에 도착했어.
▶ traffic. 교통 상황

약속 시간에 딱 맞게 도착하는 것은 on time이라고 해요. 예를 들어 1시 약속이라면 여유 없이 딱 1시에 맞춰서 오는 거죠. 앞에 '정확히'라는 뜻의 부사 right을 붙이면 '딱 그 시간에'라는 느낌을 강조할 수 있어요. got은 동사 get(도착하다)의 과거형입니다.

from cradle to grave 요람에서 무덤까지

(예) My grandmother's life was happy from cradle to grave.
우리 할머니의 삶은 태어나서 돌아가실 때까지 행복했다.

'요람에서 무덤까지'는 갓 태어난 아기들이 눕는 cradle(요람)에서부터 죽으면 묻히는 grave(무덤)까지라는 말로, '태어나서부터 죽을 때까지'라는 뜻입니다. 'A부터 B까지'는 from A to B라고 해요.

back in a flash 번개처럼 갔다 오다

(예) I need to go to the bathroom. I will be back in a flash.
나 화장실에 가야 돼. 금방 돌아올게.

카메라의 번쩍이는 조명을 플래시(flash)라고 하죠. 이 flash는 '섬광, 번쩍임'이라는 뜻으로 주로 번개가 치는 그 순간의 번쩍임을 뜻합니다. 그래서 in a flash라고 하면 '번갯불처럼, 순식간에, 눈 깜빡할 사이에'라는 뜻이고, 돌아온다는 뜻의 back을 붙이면 '금방 돌아오겠다'라는 표현이 됩니다. 같은 의미로 back in a minute(1분 안에 돌아오다)이라고 해도 되지요.

in the blink of an eye 눈 깜짝할 사이에

예 My phone disappeared in the blink of an eye. 내 전화기가 눈 깜짝할 사이에 사라졌어.

▶ disappear 사라지다

blink는 동사로는 '눈을 깜빡이다'라는 뜻이고 명사로는 '눈을 깜빡거림'이라는 뜻이에요. 그래서 in the blink of an eye라고 하면 '눈 깜짝할 사이에, 그만큼 순식간에'라는 말입니다. 앞에 나온 in a flash와 같은 뜻이죠.

Hold on a sec. 잠깐만요.

예 소담: Could you get me some water, please? 물 좀 주시겠어요?

　　직원: Sure, hold on a sec. 물론이죠. 잠깐만요.

hold는 동사로 '잡고 있다, 버티다'라는 뜻인데 전화 통화를 할 때 hold on이라고 하면 수화기를 들고 있는 것을 말해요. 상대방에게 전화를 끊지 말고 잠시만 기다리라는 의미입니다. hold on은 통화 상황에서만 쓰는 말은 아니고 평상시에도 '기다려라'라는 의미로 써요. a second는 '1초'를 뜻하는데 보통 second를 줄여서 sec이라고 말합니다. 정말로 1초만 기다리라는 말이 아니고 짧은 시간을 나타내는 거예요. 즉, Hold on a sec.은 '1초만 기다려라=잠깐만 기다려라'라는 말이에요. 같은 의미로 hold on 대신 wait을 써도 됩니다.

not in a million years 절대 아니다

예 민수: You will fall in love with me. 너는 언젠가 나랑 사랑에 빠질 거야.

　　하윤: Not in a million years. 절대로 그럴 일 없을 거야.

million은 백만이라는 아주 큰 숫자예요. 그래서 a million years는 백만 년이라는 뜻이고 not in a million years는 '백 만년이라는 오랜 시간이 지나도 절대로 안 한다/안 된다/아니다'라는 의미의 표현입니다. 한국어에서도 '전혀 아니다'라고 할 때 '천만에'라고 하죠. 천만이 백만보다 더 크지만 의미는 비슷해요. not 대신에 never를 써서 '절대 안 된다'를 강조할 수도 있어요.

시간 표현

today	오늘
tomorrow	내일
yesterday	어제

an hour	한 시간
a minute	일 분
a second	일 초
half an hour	30분

▶ half는 '절반'을 뜻하는 단어로, 1시간의 절반인 30분을 뜻해요.
▶ 시간에서 a/an은 1을 뜻하므로 one으로 바꿔서 쓰기도 해요.

a quarter	15분

▶ quarter는 '1/4'이라는 뜻으로 60분의 1/4인 15분을 뜻합니다.

in+년도, 달	in 2020 2020년에 in March 3월에
on+요일, 주말, 명절	on Monday 월요일에 on the weekend 주말에 on Mother's Day 어머니의 날에
at+시각, 정오, 자정, 크리스마스	at 8:30 8시 30분에 at noon 정오에 at midnight 자정에 at Christmas 크리스마스에

last(지난)가 붙으면

last night	어젯밤
last week	지난주
last weekend	지난 주말
last month	지난 달
last year	작년

this(이번)가 붙으면

this week	이번 주	**this morning**	오늘 아침
this weekend	이번 주말	**this afternoon**	오늘 오후
this month	이번 달	**this evening**	오늘 저녁
this year	올해		

▶ 참고로 '오늘밤'은 tonight이라고 해요.

next(다음)가 붙으면

next week	다음 주
next weekend	다음 주말
next month	다음 달
next year	내년
next birthday	다음 생일

명절, 기념일을 나타내는 표현

🎧 41.mp3

나라마다 명절이나 기념일이 다릅니다. 미국과 캐나다의 대표적인 명절을 몇 가지 소개할게요.

달

January	1월	July	7월
February	2월	August	8월
March	3월	September	9월
April	4월	October	10월
May	5월	November	11월
June	6월	December	12월

Happy Halloween! 즐거운 핼러윈 보내길!

예 **Happy Halloween, Dad!** 아빠, 즐거운 핼러윈 보내세요!

즐거운 명절에 하는 인사말은 아주 간단합니다. 그 기념일 앞에 happy만 붙이면 되니까요. 생일인 사람에게 Happy Birthday. (생일 축하해.)라고 하는 것처럼요. 단, 크리스마스만 예외적으로 Merry를 써서 Merry Christmas.(즐거운 크리스마스야.)라고 해요.

189

명절과 기념일

1월 1일	New Year's Day	새해 첫날
2월 14일	Valentine's Day	밸런타인 데이
5월 둘째 주 일요일	Mother's Day	어머니의 날
5월 마지막 월요일	Memorial Day	현충일
6월 셋째 주 일요일	Father's Day	아버지의 날
7월 4일	Independence Day	독립기념일
11월 11일	Veterans Day	재향군인의 날
11월 마지막 목요일 ＊캐나다는 10월 둘째 월요일	Thanksgiving	추수감사절
10월 31일	Halloween	핼러윈
12월 25일	Christmas	크리스마스

＊기념일의 기준은 미국입니다.

축하하는 기념일

New Year's Day
Valentine's Day
Mother's Day
Father's Day
Independence Day
Thanksgiving
Halloween
Christmas
someone's birthday
someone's anniversary

＊ anniversary 기념일

축하하는 마음으로 파티를 하며 노는 명절과 기념일에는 '~을 축하하다, 기념하다'라는 뜻의 동사 celebrate를 써요.

희생을 기리는 기념일

Memorial Day
Remembrance Day ＊캐나다의 현충일
Veterans Day

현충일이나 재향군인의 날처럼 전쟁과 관련된 기념일에는 경건한 마음으로 '~을 관찰하다, 순수하다, (의식, 관습을) 지키다'라는 뜻의 동사 observe를 써요.

날씨를 나타내는 표현

🎧 42.mp3

영어 문장에는 무조건 문장을 이끌어가는 '주어'가 필요해요. 하지만 날씨는 누가 이끌어가는게 아니라서 it을 빌려 써요. 이때는 '그것'이라는 뜻이 아니므로 날씨 부분만 해석하면 됩니다. 폭풍이나 태풍은 There is… 혹은 There will be…로 표현하기도 해요.

rain 비가 오다

예 마루: **It rains a lot in Korea in the summer.** 한국에서는 여름에 비가 많이 와.

새봄: **Oh, does it? I didn't know that.** 아, 그래? 그건 몰랐네.

지금 밖에 비가 내린다면 It's raining.이라고 해요. 어떤 특정한 기간에 늘 비가 많이 오는 경우에는 It rains.처럼 현재시제로 말해요. rain 같은 일반동사를 현재시제로 쓸 때 주어가 he, she, it처럼 3인칭 단수라면 동사 뒤에 s를 붙여야 해요.

rain cats and dogs 비가 요란스럽게 내리다

예 **It's raining cats and dogs.** 지금 비가 아주 억수같이 쏟아 붓고 있어.

하늘에 구멍이 난 것처럼 비가 쏟아지는 것은 영어로 rain cats and dogs라고 해요. 해석하면 '하늘에서 개와 고양이가 비처럼 내리다'인데, 실제로 하늘에서 개와 고양이가 떨어지는 건 아니에요. 개와 고양이가 싸우는 것처럼 비가 요란스럽게 온다는 의미의 표현입니다.

야! 덤벼!

저리 가!

snow 눈이 오다

예 It snowed a lot last night. 어젯밤에 눈이 많이 왔다.

눈이 오는 것도 비가 오는 것과 똑같이 말해요. 지금 밖에 눈이 온다면 It's snowing.이라고 해요. snowed는 snow의 과거형입니다.

It's a meat locker in here. 여기는 냉동실처럼 너무 추워.

예 여름: It's a meat locker in here. 여기 안이 너무 추워.

해수: I will turn the heater on. 내가 난로 켤게.

meat locker는 고기를 보관하는 냉동실을 말해요. 방이 너무 추울 때는 꼭 냉동실에 들어와 있는 것처럼 느껴질 수 있겠죠. 그런 것을 비유한 표현입니다.

It's so hot that you can fry an egg. 날이 너무 너무 더워.

예 I can't believe the weather. It's so hot that you can fry an egg.
날씨가 믿을 수 없을 정도야. 너무 더워서 계란프라이를 할 수도 있겠어.

여름에 아주 날이 더우면 아스팔트 바닥에서 열기가 이글이글 올라옵니다. 그래서 영어에서는 It's so hot that you can fry an egg.(계란프라이도 할 수 있을 만큼 날씨가 덥다.)라는 표현이 나왔어요. 그 이글거리는 아스팔트 위에서 계란프라이를 할 정도로 덥다는 말이에요. 정말 재미있는 표현이죠?

날씨 표현

hot	더운	**rainy**	비가 오는
warm	따뜻한	**humid**	습한
mild	온화한	**snowy**	눈이 오는
sunny	햇빛 쨍쨍한	**storm**	폭풍
cloudy	흐린, 구름 낀	**blizzard**	눈보라
cold	추운	**rainy season**	장마철
freezing	얼어붙게 추운	**typhoon**	태풍
windy	바람이 부는	**frost**	서리

시간과 날씨

땅콩은
들어갈 수 없어요!

미국과 캐나다는 한국보다 여러 알레르기(allergy)로 고생하는 사람이 많아요.

그래서 어린이 집이나 학교에 Nut-free라고 적힌 표지판이 아주 많이 붙어 있습니다.

Nut-free는 '견과류에서 자유로운, 견과류가 없는'이라는 뜻이에요.

nut가 땅콩이나 호두, 아몬드 등의 견과류를 의미하거든요.

반에 한 두 명은 이렇게 견과류 알레르기가 있는 사람이 있으니

아예 학교에 견과류를 가져오지 못하게 막는 거예요.

가정통신문에도 점심과 간식을 nut-free lunch(견과류 없는 점심),

nut-free snack(견과류 없는 간식)으로 싸오도록 권하고 있습니다.

This is a nut-free classroom. No nuts, please.
이곳은 견과류가 없는 교실입니다. 견과류는 안 됩니다.

기념일 하루 전날, 이브!

12월 24일, 크리스마스 전날은 크리스마스 이브(Christmas Eve)라고 하죠?

eve는 중요한 기념일의 '전날'이라는 뜻이에요.

미국과 캐나다에서는 크리스마스 이브에 회사도 일찍 마치고 가게도 문을 일찍 닫아요.

학교는 크리스마스 일주일 전부터 겨울방학을 시작하지요.

그리고 크리스마스 이브와 크리스마스에는 가족이 모두 모여서 식사를 합니다.

12월 31일, 새해의 전날은 New Year's Eve라고 해요.

그 해의 마지막 날, 미국에서는 뉴욕의 중심부에 있는 타임스 스퀘어에 모여서

새해로 넘어가는 카운트다운(countdown : 초 읽기)과 함께 사과를 떨어뜨리는 행사를 해요.

또 각지에서 불꽃놀이도 하고요. 서울의 종각에 모여서

재야의 종을 치는 것과 비슷한 행사라고 보면 돼요.

It's already Christmas Eve. Time flies.
벌써 크리스마스 이브네. 시간 빠르다.

＊ flies는 '날아가다'라는 뜻의 동사 fly의 변형이에요.
'시간이 날아가다 → 시간이 날아가는 것처럼
빠르게 지나가다'라는 말이에요.

나는 커서 무슨 일을 하게 될까?

직업에
어울리는 **찰떡 표현**

- 직업
- 일 솜씨

직업을 나타내는 표현

🎧 43.mp3

여러분은 어른이 되면 어떤 직업을 갖고 싶은가요? 직업과 적성을 얘기할 때 쓰는 영어 표현들이 무엇이 있는지 알아보고 갖고 싶은 직업을 찾아보세요.

work at ~에서 일하다

예 My father works at a bank. 우리 아빠는 은행에서 일하신다.

'일하다'는 영어로 work라고 해요. '~에서 일한다'고 말하려면 work 뒤에 at을 쓰고, 그 뒤에 장소를 쓰면 돼요.

work in   field   분야에서 일하다

예 My mother works in a medical field. 우리 엄마는 의료 분야에서 일하신다.

field는 '분야'라는 뜻이에요. 그래서 어떤 분야에서 일한다고 할 때 work 뒤에 in _____ field 를 붙여요. 컴퓨터 분야면 in a computer field라고 하고, 패션 분야라면 in a fashion field, 의료 분야라면 in a medical field라고 합니다.

work part-time 아르바이트를 하다

예 영호: Mom, I want to work part-time. 엄마, 나 아르바이트 하고 싶어요.
　　엄마: I think you're a bit too young. 내 생각에 너는 좀 너무 어리잖니.
　　▶ young 어린

아르바이트는 '노동'이라는 뜻의 독일어 arbeit에서 나온 말입니다. 영어로는 work part-time 이나 have a part-time job이라고 해요. '파트타임'은 우리도 자주 쓰는 영어 단어라 익숙할 거예요.

YouTube creator _{유튜브 영상 제작자}

예 **I want to be a YouTube creator one day.** 전 언젠가 유튜브 영상 제작자가 되고 싶어요.

유튜브에 본인이 만든 영상을 올려서 얻은 광고 수익으로 생활하는 사람도 꽤 많지요. 본인이 원하는 다양한 주제로 활동할 수 있으니 소재가 바다처럼 넓고 다양하죠. 이런 영상 제작자를 creator(창작자)라고 해요. '창조하다, 창작하다'라는 뜻의 create라는 동사에서 나왔어요. 꼭 영상이 아니더라도 뭔가 스스로 제작하고 만들어내는 사람은 모두 creator라고 할 수 있어요.

social media influencer _{소셜 미디어 인플루언서}

예 주아: **Who is this woman?** 이 여자 누구야?

대우: **Oh, she is a big social media influencer.** 어, 아주 인기 있는 소셜 미디어 인플루언서야.

SNS에서 많은 구독자를 가지고 있는 사람들은 기업으로부터 광고 의뢰를 받거나 직접 쇼핑몰을 운영해서 돈을 벌어요. social media influencer는 이런 일을 직업으로 하는 사람들을 가리키는 신조어예요. SNS는 다른 말로 social media(사회 매체)라고도 하거든요. influencer는 '~에게 영향을 주다'라는 뜻의 동사 influence에서 나온 명사로, '영향을 주는 사람'이라는 뜻이에요.

self-made man/woman _{자수성가한 사람}

예 **Steve Jobs was a self-made man.** 스티브 잡스는 자수성가한 사람이었다.

위인전을 읽으면 자주 나오는 단어가 있어요. 누구의 도움도 없이 혼자서 밑바닥부터 시작해서 성공하는 것을 '자수성가했다'고 합니다. 이렇게 자수성가한 사람을 영어로는 self-made man 혹은 self-made woman이라고 해요. 말 그대로 스스로(self) 자기 삶을 성공적으로 만든(made) 사람이라는 뜻이에요.

직업

teacher 교사

sales person 영업사원

fire fighter 소방관

scientist 과학자

doctor 의사

police officer 경찰관

cook / chef 요리사

photographer 사진작가

engineer 엔지니어
기계, 전기, 토목 등의 기술자

일은 보통 손으로 하기 때문에 일과 관련된 표현에는 손(hand)이 들어가는 경우가 많아요. 한국어로 일 잘하는 사람에게 '손이 야무지다'라고 하는 것처럼 영어도 그렇습니다.

jack-of-all-trades 다 잘하는 사람

예 **My dad is a jack-of-all-trades. He fixes everything around the house.**
우리 아빠는 뭐든 다 잘하셔. 집에 있는 모든 것을 다 고쳐.
▶ fix 물건을 고치다

trade는 원래 '무역, 거래'라는 뜻인데 '손을 사용한 특별한 기술이 필요한 일이나 직업'이라는 뜻으로도 써요. 그래서 미국과 캐나다에서는 전기나 배관, 목공 일을 할 때 trade를 한다고 얘기해요. 한국으로 치면 홍길동이나 철수처럼 흔한 남자 이름인 Jack 뒤에 손기술이 필요한 일을 뜻하는 of all trades를 붙이면 '모든 일을 다 잘하는 사람, 팔방미인'이라는 표현이 됩니다. 단어 사이를 하이픈(-)으로 연결해서 하나의 명사로 만들었어요.

handyman (물건을) 잘 고치는 사람

예 **Hasun is a handyman. He can fix anything.** 하선이는 재주꾼이야. 어떤 것이든 고치지.

망가진 물건을 뚝딱 잘 고치는 사람이 있죠? 그런 사람을 handyman이라고 해요. '손'이라는 뜻의 단어 hand에서 나온 형용사 handy는 '유용한, 편리한, 손재주가 있는'이라는 뜻이에요.

lend a hand 도와주다

(예) Can you lend me a hand? I want to hang this painting.
나 좀 도와줄 수 있어? 이 그림을 걸고 싶어.
▶ hang 걸다

help(돕다)나 lend a hand 또는 give a hand라는 표현으로 도움을 요청할 수 있습니다. 한국어에서 '손'은 '일손'처럼 '일을 돕는 사람'을 뜻하는데, 영어도 마찬가지예요. 즉, lend a hand(손을 빌려주다)는 '도와주다'라는 말이 되는 것이죠. 같은 의미로 give a hand(손을 주다) 역시 '도와주다'라는 뜻이에요.

bells and whistles (부가)기능

(예) My smart phone has all the latest bells and whistles.
내 스마트폰은 모든 최신 기능을 가지고 있다.
▶ latest 최신의

bells and whistles(종과 휘파람)는 '어떤 상품을 잘 팔리게 만들어 주는 부가 기능이나 액세서리'라는 뜻이에요. 예를 들어, 스마트폰은 휴대전화니까 기본적으로 통화가 가장 중요한 기능인데 거기에 훌륭한 카메라나 스피커도 들어 있잖아요. 이런 부가 기능을 bells and whistles라고 합니다. 없어도 되지만 있으면 그 물건을 더 좋게 만드는 기능을 말해요.

all thumbs 손재주가 없는

(예) I am so poor at arts and crafts. I am all thumbs.
나는 공작을 아주 못한다. 손재주가 없다.

thumb은 명사로 '엄지손가락'이에요. 만약 열 손가락이 전부 엄지손가락이면 아무 것도 제대로 할 수 없겠죠. 그래서 all thumbs라고 하면 '손재주가 없는, 손으로 하는 것에 서툴고 못하는'이라는 뜻이랍니다.

나 좀 도와줘!

미안~ 나 손재주가 없어.

전부 엄지 손가락이야!

butterfingers 물건을 잘 떨어뜨리는 사람

예 My brother Suha is a butterfingers. 내 남동생 수하는 물건을 잘 떨어트린다.

손가락에 버터를 바르면 미끄러워서 물건을 제대로 잡을 수 없겠죠? 즉, butterfingers는 물건을 잘 떨어뜨리거나 제대로 못 잡는 사람을 의미해요. 이 표현은 butterfinger(미끄러운 손가락) 여러 개를 가진 것을 나타내기 때문에 butterfingers라고 s를 붙이지만, 그런 손이라는 특징 한 가지를 말하는 것이므로 '하나'를 뜻하는 a를 붙여서 a butterfingers처럼 씁니다. 운동선수에게 쓰면 '공을 잘 놓치는 선수'라는 뜻이 됩니다.

can-do attitude 무엇이든 할 수 있다는 자세

예 I like your can-do attitude. 나는 너의 무엇이든 할 수 있다는 태도가 좋아.

I can do it.(나는 할 수 있어.)라는 말 광고에서 들어본 적 있죠? 무엇이든 할 수 있다고 생각하는 긍정적이고 의욕적인 태도를 영어로 can-do attitude라고 해요. attitude는 '태도, 자세'라는 뜻이고, can do를 하이픈(-)으로 연결해서 '할 수 있는'이라는 형용사로 만들었어요. 즉, can-do attitude는 '무엇이든 할 수 있다는 태도, 의욕적인 자세'를 얘기합니다.

beyond my ability 내 능력을 넘어선

예 그루: Can you fix the computer? It's not working. 너 컴퓨터 고칠 수 있어? 작동을 안 해.
세웅: Oh, that's beyond my ability. 오, 그건 내 능력으로는 할 수 없는 일이야.
▶ work 작동하다

내 능력 밖의 일이라서 할 수 없는 경우도 있어요. beyond는 '~를 너머'라는 뜻이고, ability는 '능력'이라는 뜻이에요. 그래서 beyond my ability는 '내 능력을 넘어서'라는 말로 자신이 해내기 어려운 것을 의미합니다.

직업

The sky is the limit. 무엇이든 할 수 있다

예 You can do anything. The sky is the limit. 너는 무엇이든 할 수 있어. 능력을 마음껏 펼쳐.

The sky is the limit. 이 문장을 단어 뜻 그대로 해석해 보세요. sky는 '하늘'이고, limit은 '한계'라는 뜻이니까 '하늘이 한계다'라는 말이 되겠죠. 보통 사람은 하늘에 닿을 수가 없잖아요. 끝이 없이 넓고 높으니까요. 그래서 The sky is the limit.은 곧 '한계가 없다, 끝이 없다, 무엇이든 능력을 펼쳐 보일 수 있다, 불가능한 게 없다'라는 의미로 써요. 여러분의 미래가 그렇죠. 무엇이든 될 수 있고, 할 수 있어요. The sky is the limit!

be not allowed to ~하면 안 된다

예 We're not allowed to play with this. 우리 이거 가지고 놀면 안 돼.

allow는 '~을 하도록 허락하다, 허용하다'라는 뜻이에요. 부모님이나 선생님이 여러분에게 어떤 행동을 해도 된다고 허락할 때 allow를 써서 표현할 수 있고, 여러분은 이렇게 허락을 받는 입장이므로 be allowed to라고 해요. '~할 수 있다, 허락을 받다'라는 말이죠. 하지만 보통은 하면 안 되는 일이 더 많으니까 부정문으로 be not allowed to를 더 많이 쓰죠. to 뒤에는 동사가 나옵니다. 참고로 be 자리는 주어에 따라 I am(나는), You are(너는), We are(우리는)로 모양이 바뀝니다.

green thumb 식물을 잘 키우는

예 My mom has a green thumb. 우리 엄마는 식물을 정말 잘 키우신다.

식물을 잘 기르는 사람을 영어로는 '초록색 엄지손가락(green thumb)'이라고 한답니다. 식물이 초록색이니까 초록색 손가락을 가지고 있다고 표현해요.

be cut out for 적성에 맞다

예 I'm cut out for team sports. 나는 팀 스포츠가 적성에 맞아.

바지가 너무 길면 잘라서 수선해서 딱 맞게 입죠? cut out은 '자르다, 잘라내다'라는 말인데, 일과 관련해서 쓰면 '누군가를 어떤 일에 맞게 자른 것처럼 딱 맞는'이라는 뜻이에요. 그래서 '적성에 맞다, 어떤 일에 맞다, 제격이다'라고 할 때는 be cut out for라고 하고, 뒤에 분야나 직업을 씁니다.

be good at ~을 잘하다

예 진욱: What are you good at? 넌 뭘 잘해?

세민: I am good at swimming. 난 수영을 잘해.

'좋은'으로 많이 알고 있는 good에는 '잘하는'이라는 뜻도 있어요. 영어 단어는 딱 한 가지 뜻으로만 쓰는 경우가 별로 없어서 여러 뜻을 함께 알아두어야 해요. good 뒤에 at을 쓰면 at 뒤에 나오는 것을 '잘하는, 능숙한'이라는 뜻이 됩니다.

be poor at ~에 서투르다

예 청아: I think I'm poor at everything. 난 모든 것에 서투른 것 같아.

영우: What? You're good at listening. 뭐? 너 다른 사람 말을 잘 들어주잖아.

▶ listening 남의 말을 잘 듣는 것

무언가를 못하고 서투르면 poor를 써서 말할 수 있어요. poor는 형용사로 '가난한, 불쌍한, 형편없는'이라는 뜻인데요, 뒤에 at을 쓰면 '~에 서투른, 못하는'이라는 뜻이 된답니다.

talent (타고난) 재능

예 My sister has artistic talent. 우리 언니는 예술적 재능이 있다.

▶ artistic 예술적인

재능이나 재능이 있는 사람을 talent라고 합니다. TV에 나와서 연기를 하는 탤런트가 바로 이 talent에서 나온 말입니다. 연기 분야에 타고난 재능이 있는 사람이라는 뜻이죠. 실제로 영어권에서는 TV에 나오는 배우를 talent라고 하지는 않아요. 일종의 콩글리시죠. talented라고 하면 '재능이 있는'이라는 뜻의 형용사예요.

talent show 장기자랑

예 We're going to have a talent show at school tomorrow.
저희는 내일 학교에서 장기자랑을 할 거예요.

학교에서 하는 장기자랑이나 일반인들이 참가해서 경연 프로그램을 영어로는 talent show라고 해요. talent가 '재능'이니까, 내 재능과 장기를 보여주는 쇼인 거죠.

creative 창의적인

예 The phone has a creative design. 그 전화기는 독창적인 디자인을 가지고 있다.

creative는 '창조하다'라는 뜻의 동사 create에서 나온 형용사예요. 이제까지 아무도 생각해내지 못한 것을 처음으로 생각해냈다면 독창적이고 창의력이 있다고 하지요. 그게 바로 creative랍니다. 이렇게 creative해서 뭔가를 멋지게 만들어내는 사람을 크리에이터(creator)라고 하죠.

못 하는 게
없네!

Jack of all trades는 '이것저것 다 잘하는 사람'이라는 뜻의 표현이에요.

이 표현은 Jack of all trades and master of none.이라는 속담에서 나왔습니다

master of none에서 master는 '모든 것을 통달한 사람, 달인,

이 전문가'를 뜻하고, none은 '하나도 없다, 아무도 없다'라는 뜻이에요.

그래서 이 속담은 "이것저것 다 하는 사람이지만 사실은 제대로 하는 건 없다'라는 의미입니다.

한국 속담으로 치면 '한 우물을 파라'나 '빈 수레가 요란하다'와 비슷하죠.

여기저기 기웃거리며 조금씩 발만 담그지 말고 끈기 있게 하나의 길을 가라는 말입니다.

사랑: I can do this and that and that.
　　　나 이거 그리고 저거랑 저것도 할 수 있어.

로아: Well...Jack of all trades and master of none...
　　　음...여러 가지를 잘하는 사람은 진짜 잘하는 건 없다던데...

이번 주말에 뭐하고 놀지?

문화에 어울리는 **찰떡 표현**

- 대중문화
- 음악, 춤
- 미술
- 여행
- 영화
- 독서
- 동화

한국 노래와 드라마, 영화가 세계적으로 인기를 얻어서 '한류(K-wave)'라는 말이 생겨났어요. K는 Korea(한국)를 의미하고 wave는 '흐름, 파도'라는 뜻이에요. 대중문화 관련 표현을 익혀서 좋아하는 외국 스타에게 댓글을 달아보고 외국 친구에게 한류도 소개해 보세요.

celebrity 유명인

(예) **Have you ever seen any celebrities?** 너 유명한 사람 본 적 있어?

'유명인'은 영어로 celebrity라고 해요. 이 유명인에는 배우, 가수, 모델 같은 연예인도 있고, 유튜브 크리에이터나 김연아 같은 스포츠 스타도 있지요. TV, 인터넷 매체를 통해 사람들에게 잘 알려져 있는 사람이라고 생각하면 됩니다.

boy band/ girl group 아이돌 그룹

(예) 용하: **Who is your favorite boy band?** 네가 좋아하는 남자 아이돌 그룹이 누구야?

　　주아: **I like 2U most.** 난 2U를 가장 좋아해.

남자 아이돌 그룹은 영어로 boy band라고 하고, 여자 아이돌 그룹은 girl group이라고 해요. band와 group 모두 음악가 무리를 가리키는 말이에요. 우리가 아이돌이라고 하는 영어 단어는 idol인데 '우상'이라는 뜻이에요. 한국에서는 아이돌이 춤을 추는 젊은 가수를 말하지만 영어권에서는 pop idol(팝 음악 스타)이나 sports idol(스포츠 스타)을 얘기해요.

K-pop star 한국 대중가요 가수

예 There are many internationally-known K-pop stars.
세계적으로 알려진 한국 팝 스타들이 많이 있다.
▶ internationally 세계적으로   known 알려진

K-pop star는 한국 대중가요 가수를 모두 아우르는 말이에요. K는 Korean(한국의)에서 나온 약자고, pop music은 대중음악이라는 뜻이에요. 즉, K-pop은 한국 대중가요라는 뜻이고, star는 별처럼 반짝반짝 빛나고 인기가 많은 유명인을 뜻합니다. 참고로 외국에서 한국 드라마는 K-drama라고 해요.

make one's debut 누가 처음 등장하다

예 When did they make their debut? 그들이 언제 데뷔를 했지?

배우나 가수가 처음 대중 앞에 나타나는 것을 '데뷔하다'라고 하지요. début는 '첫 등장, 첫 작품'이라는 뜻의 프랑스어인데 영어권에서도 쓰는 말이에요. 영어로 표기할 때는 debut라고 하고, 주로 make one's debut처럼 씁니다.

release an album 앨범을 발표하다

예 2U is going to release their new album soon. 2U가 곧 새 앨범을 발표할 거야.

release는 '내보내다, 풀어주다, (대중들에게) 공개하다'라는 뜻을 가진 동사입니다. 그래서 가수가 앨범을 발표할 때 release an album이라고 해요.

have a concert 콘서트를 하다

예 Is 2U going to have a concert, too?
2U가 콘서트도 할까?

가수들은 앨범을 내고 콘서트를 하지요. '콘서트를 하다'는 영어로 have a concert라고 해요. '콘서트를 가지다 → 콘서트를 하다'로 이해하면 됩니다.

sing along 노래를 따라 부르다

예 Everyone at the concert sang along. 콘서트에 있는 모든 사람들이 노래를 따라 불렀다.

공연장에서 가수의 노래를 따라 부르는 것을 영어로는 sing along이라고 해요. sing은 '노래하다'라는 동사고, along은 '~를 따라서'라는 전치사예요. 최근에는 영화에 나오는 노래를 따라 부를 수 있는 싱어롱 영화관도 많이 생겼어요. sang은 sing의 과거형이에요.

big fan 열성 팬

예 I'm a big fan of 2U. 나는 2U의 열성 팬이야.

어떤 것을 좋아하는 사람을 팬(fan)이라고 하죠. 좋아하는 대상은 사람일 수도 있고, 음식, 스포츠, 물건일 수도 있어요. 팬 앞에 big(큰, 열성적인)을 붙여서 big fan이라고 하면 진짜 열렬히 좋아하는 열성 팬이라는 뜻이에요.

stalker 스토커

예 A lot of girl group members suffer from stalkers.
많은 걸 그룹 멤버들이 스토커 때문에 고통받는다.
▶ suffer from ~때문에 고통을 받다

좋아한다는 이유로 어떤 사람을 매일 쫓아다니고 집에 침입하고 개인정보를 훔쳐내는 것은 스토킹이라고 해요. 영어 stalking에서 나온 말이죠. 스토킹을 하는 사람을 스토커(stalker)라고 합니다. stalking은 범죄니까 절대로 해선 안 돼요.

have a press conference 기자회견을 하다

예 2U is going to have a press conference. 2U는 기자회견을 할 것이다.

기자들을 모아놓고 자신의 이야기를 말하는 것을 '기자회견'이라고 합니다. press가 '신문, 언론'이라는 뜻이고, conference는 '(대규모) 회의'라는 뜻이에요. have a press conference은 '기자회견을 가지다 → 기자회견을 하다'라는 뜻이에요. have 자리에 hold를 넣기도 해요.

음악, 춤을 나타내는 표현

🎧 46.mp3

노래와 춤이 없다면 인생이 재미없을 거예요. 여러분은 어떤 악기를 연주할 수 있나요? 또, 어떤 음악을 좋아하나요? 영어로 좋아하는 악기와 음악을 표현해 볼까요.

musical instrument 악기

예 현우: **Can you play any musical instruments?** 너는 뭔가 연주할 수 있는 악기가 있니?

지희: **Yes, I can play the piano a little bit.** 응, 나는 피아노를 조금 칠 수 있어.

▶ a little bit 조금

'음악'이라는 뜻의 단어 music에서 나온 형용사 musical은 '음악의'라는 뜻입니다. instrument 가 '기구, 도구'라는 뜻이니 musical instrument라고 하면 '악기'가 되는 것이죠.

play 연주하다

예 **I play the guitar. I take lessons.** 나는 기타를 쳐. 수업을 듣거든.

운동을 말할 때도 play가 많이 나왔어요. 악기를 연주한다고 할 때도 play라는 동사와 같이 씁니다. 특정 악기를 연주하거나 못 한다고 할 때는 악기 이름 앞에 the를 붙여요.

school band 학교 악단

예 **We have a school band and I am a member of it.**
우리 학교는 학교 밴드가 있고 나는 거기 멤버야.

학교에서 악기를 연주하는 팀은 school band라고 해요. 또는 orchestra(오케스트라, 관현악단)라고도 합니다. school orchestra는 주로 전통적인 클래식 음악을 연주해요. 밴드에 속해 있다면 I'm in the school band.(나는 학교 악단에 속해 있어.)라고 하거나 I'm a school band member.(나는 학교 악단 멤버야.)라고 합니다.

violin 바이올린   **piano** 피아노   **flute** 플루트

guitar 기타   **trumpet** 트럼펫   **tambourine** 탬버린

go to a concert 콘서트에 가다

예 현진: **There will be a Darak School Band concert.** 다락 학교 밴드 콘서트가 있을 거야.

지현: **Let's all go to the concert.** 우리 다 같이 콘서트 가자.

음악회, 음악 공연을 concert라고 해요. concert 앞에 가수 이름이나 음악 종류를 넣어 주면 더 정확한 설명이 되지요.

classical music 클래식 음악

예 세원: **Do you listen to classical music?** 너 클래식 음악 듣니?

희민: **No, but my mom does.** 아니. 하지만 우리 엄마는 들으셔.

클래식 음악은 classical music이라고 해요. '클래식의'라는 뜻의 형용사 classical이 '음악'이라는 뜻의 단어 music 앞에 붙습니다. 음악은 셀 수 없는 명사라서 앞에 a는 쓰지 않아요.

pop music 대중음악

예 **Mika loves K-pop music.** 마이카는 K-pop을 매우 좋아한다.

우리가 즐겨 듣는 대중음악은 pop music이라고 해요. 그래서 한국 대중음악을 Korea(한국)의 K를 붙여서 K-pop이라고 합니다.

music to my ears 듣기 좋은 말, 소리

예 **The kids' laughter is music to my ears.**
아이들이 웃음은 음악처럼 듣기 좋다.
▶ laughter 웃음

music to my ears는 '내 귀에 음악'이라는 말인데, 진짜 음악을 가리키는 말이 아닙니다. 어떤 말이나 소리가 음악처럼 듣기 좋을 때 쓰는 표현이에요. 주로 칭찬이 그렇게 들리겠죠?

hop 한 발로 깡총 뛰다

예 **Hana hopped to her class room.** 하나는 자기 교실까지 깡총 깡총 뛰어갔다.

춤을 출 때 발을 번갈아 가며 깡총 뛰는 것을 hop이라고 해요. 토끼가 깡총깡총 뛰는 것도 hop이라고 합니다. 어린이 무용 수업에서 처음에 하는 연습이 바로 hop이에요. 참고로 차에 폴짝 올라타는 것은 hop on이라고 합니다.

jump 위로 뛰어오르다

예 **Yuna Kim is famous for her high jumps.** 김연아는 그녀의 높은 점프로 유명하다.
▶ high 높은

한 자리에서 위로 획 뛰어 오르는 것을 jump라고 해요. 피겨 스케이터 김연아 선수가 높이 점프 하는 걸로 유명하지요. 체조나 무용에서도 점프를 아주 많이 합니다.

move 움직이다

(예) Could you move a little bit? 조금만 옆으로 비켜 줄래?

몸을 움직이는 것은 move라고 해요. 그래서 누군가에게 옆으로 비켜달라고 할 때도 move를 써요. 교실을 바꿔서 다른 반으로 갈 때도, 춤 동작을 하는 것도 move로 표현해요. 참고로 이사를 가는 것도 move라고 합니다.

dance 춤을 추다

(예) Let's dance. 우리 춤추자.

'춤'은 영어로 dance라고 해요. 이 단어는 '춤'이라는 명사도 되고 '춤추다'라는 동사도 됩니다. 그래서 dance lesson 혹은 dance class는 무용 수업을 의미해요.

자, 모두
여기 주목!

공항에 가면 여러 안내 방송을 들을 수 있습니다.

비행기가 연착되었다는 방송부터 사람을 찾는다는 방송까지 종류가 다양하지요.

무슨 방송이든 보통 **Ladies and gentlemen, may I have your attention, please?**로 시작합니다.

attention은 '주목'이라는 뜻의 명사인데, 주의를 기울여서 잘 들어달라는 말이에요.

공항 안내 방송에서 가장 자주 나오는 단어는 아마도 **last call**일 거예요.

'마지막 부름'이라는 뜻으로, 곧 비행기가 떠나니 마지막으로 승객을 부르겠다는 말이에요.

last call을 들었으면 이 비행기를 탈 사람은 서둘러서 탑승구로 가야 하는 거죠.

Ladies and gentlemen, may I have your attention,
please? This is the last call for...

신사 숙녀 여러분, 주목해 주시겠습니까?
마지막으로 탑승 안내를 합니다...

미술을 나타내는 표현

글자가 없던 옛날에는 그림을 그려서 기록을 남겼어요. 그림은 자유롭게 내 생각을 표현할 수 있는 또 다른 수단이기 때문이죠. 그리는 도구와 그리는 방법에 따라 여러 가지 종류의 그림이 탄생합니다.

paint 그리다

🔵 **I love painting.** 저는 그림 그리기를 좋아해요.

▶ painting 그림, 그림 그리기

'그림을 그리다'라는 뜻의 영어 동사로는 draw와 paint가 있어요. paint에는 색칠을 한다는 뉘앙스가 있어서 벽에 페인트를 칠하는 것이나 손톱에 매니큐어 바르는 것도 paint라고 해요. 색을 칠하는 것만 가리키려면 color라고 해도 됩니다. color는 명사로는 '색'이라는 뜻이고, 동사로는 '색칠하다'라는 뜻이랍니다. 그래서 완성된 그림에 색을 칠하는 책을 컬러링북(coloring book)이라고 하지요.

sketch 밑그림을 그리다

🔵 **You need to sketch first before coloring.** 색칠하기 전에 먼저 스케치를 해야 돼.

미술 시간에 스케치한다는 말 많이 쓰죠? 색을 칠하기 전에 밑그림을 그리는 것을 말해요.

picture 그림

🔵 **I'm going to draw some pictures.** 전 그림을 좀 그릴 거예요.

그림이나 사진을 영어로는 picture라고 해요. 참고로 painting은 그림만 뜻하고, photo는 사진만 의미하는데 picture는 그림과 사진 두 가지 모두 의미하기 때문에 앞뒤 상황을 잘 보고 판단하세요.

그림의 종류

water-color painting	수채화
oil painting	유화
sculpture	조각
portrait	초상화
self-portrait	자화상
landscape painting	풍경화
still life painting	정물화
figure painting	인물화
abstract painting	추상화

미술 재료

sketchbook	스케치북	water color	그림 물감
(paint) brush	붓	colored paper	색종이
crayon	크레용	colored pencil	색연필
clay	찰흙	glue	풀, 접착제

여행을 나타내는 표현

🎧 48.mp3

집을 떠나 어딘가 새로운 곳을 구경하는 것이 여행입니다. 비행기를 타고 해외여행을 떠나는 것부터 기차를 타고 국내여행을 가거나 버스를 타고 살고 있는 도시를 여행할 수도 있지요.

travel 여행하다

예 My dream is to travel around the world. 내 꿈은 세계 여행을 하는 거야.

'여행하다'라는 뜻을 가진 영어 단어는 여러 개가 있어요. 가장 대표적인 단어는 travel인데 동사로 '여행하다'라는 뜻이고, 명사로는 '여행'이라는 뜻이에요. 명사보다는 주로 동사로 쓰지요. travel은 보통 길게 가는 여행을 말해요. 참고로 '여행가'는 traveler라고 합니다.

take a trip 여행하다

예 하겸: What are your plans for the summer? 너 여름 계획이 뭐야?

영아: My family is going to take a camping trip. 우리 가족은 캠핑 여행을 갈 거야.

trip은 명사로 '(짧은) 여행'이라는 뜻이에요. 여행을 '가지고 간다(take)'는 건 곧 '여행을 한다'는 말이겠죠. 2박 3일 정도로 짧게 다녀올 때 take a trip이라고 해요.

go on vacation 휴가를 가다

예 Mom, when are we going on vacation this summer?
엄마, 우리 이번 여름에 언제 휴가 가요?

'휴가를 가다'처럼 일정이 정해진 일은 주로 go on과 함께 써요. vacation은 학생에겐 '방학', 직장인들에겐 '휴가'라는 뜻이고, go on vacation이라고 하면 휴가를 즐기러 간다는 말이에요.

fly 비행기를 타고 가다

(예) We are going to fly Air Canada to Vancouver.
우리는 에어 캐나다 항공을 타고 밴쿠버에 갈 거야.

fly는 '날다'라는 뜻의 동사인데 이 뜻이 발전해서 비행기를 타고 날아가는 것까지 의미하게 되었어요. 비행기를 타면 하늘을 날 수 있게 되니까요. fly의 명사형인 flight은 '비행, 비행기'라는 뜻이에요. 공항에 가면 이 단어를 볼 수 있으니 알아 두면 좋겠죠.

airport 공항

(예) I'm going to Incheon Airport. 나는 지금 인천 공항에 가고 있어.

공항은 영어로 airport라고 합니다. '공항이 하나 있다'라고 할 때는 앞에 a를 붙이고, 도시에 하나뿐인 공항에 간다고 하면 앞에 the를 붙여요. 하나뿐이라 모르는 사람이 없는 것들에는 the를 붙이거든요. 공항 이름은 대문자로 쓰고, 앞에 a나 the를 붙이지 않아요.

delay 늦어지게 하다

(예) The flight was delayed by the snow storm. 비행기는 눈보라 때문에 지연되었다.

여러 이유로 비행기가 제 시간이 출발하지 않고 늦게 출발하는 경우가 있어요. 이런 것을 '지연'이라고 하는데 영어로는 delay라고 해요. 우리 의사와는 관계없이 날씨, 비행기 상황 등에 의해 지연되기 때문에 보통 be delayed(지연되다)처럼 써요.

make a reservation 예약하다

(예) My mom made a reservation for the hotel. 우리 엄마가 호텔 예약을 했어요.

'예약하다'는 영어로 make a reservation이라고 합니다. reserve는 '예약하다'라는 뜻이고 여기서 나온 명사 reservation은 '예약'이라는 뜻이에요.

화문문

stay at a hotel 호텔에 묵다

(예) 직원: **Where are you going to stay in New York?** 당신은 뉴욕에서 어디에 머물 건가요?

아빠: **We're going to stay at a hotel. The Plaza hotel.**
저희는 호텔에서 묵을 거예요. 플라자 호텔.

숙소에 머무른다고 할 때는 '(짧게) 머물다'라는 뜻의 동사 stay를 써요. 호텔이 아니라 다른 곳에 머무른다면 stay at my cousin's house(사촌의 집에 머물다)처럼 말하면 됩니다. 외국 공항에 도착하면 그 나라에 들어가기 위해서 입국 심사를 받는데, 그때 어디에 묵을 건지 질문을 받을 수도 있어요. 그러면 예문처럼 stay at(~에 머물다)으로 대답하면 됩니다.

Airbnb 주인이 집을 빌려주는 숙소

(예) **We made a reservation through Airbnb.** 우리는 에어비앤비를 통해 예약을 했어요.

한국어로 번역하자면 '민박'이에요. AirBnb는 이런 민박을 거래하는 회사 이름이죠. 이 회사 사이트에 본인 집을 대여하겠다고 올려 놓으면 그 정보를 보고 손님이 찾아오는 거예요. 원래 BnB는 Bed and Breakfast(침대와 아침 식사)의 줄임말로, 밤에 잘 침대와 아침밥을 제공하는 숙박 시설을 뜻하는 단어입니다. made는 동사 make(만들다)의 과거형이에요. make a reservation은 '예약을 만들다 → 예약을 하다'라는 뜻이에요.

review 후기

(예) **Our hotel had great reviews.** 우리 호텔은 매우 좋은 후기가 있었다.

호텔, 식당 등에 다녀와서 인터넷 사이트에 후기를 쓴 적이 있나요? 다른 사람이 내 후기를 보고 어디로 갈지 결정하기도 하죠. 이런 후기는 영어로 review라고 해요. 영화나 책을 보고 감상을 남기는 것 역시 review라고 합니다.

영화를 나타내는 표현

🎧 49.mp3

영화관에 가서 맨 처음 본 영화가 뭐였는지 기억하나요? 영화와 관련된 표현을 공부하면서 한번 떠올려 보세요.

movie 영화

🔵 예 미연: **What did you do yesterday?** 너 어제 뭐 했어?

규호: **I saw a movie.** 영화를 하나 봤어.

영화는 영어로 movie라고 하는데 일상에서는 flick이라고도 해요. 영국에서는 영화를 주로 film이라고 합니다. 영화를 찍으려면 필름이 필요하죠? 그래서 '필름=영화'가 되었나 봐요.

movie theater 영화관

🔵 예 혜정: **Excuse me, is there a movie theater in this building?**
실례지만, 이 건물에 극장이 있나요?

직원: **Yes, on the 9th floor.** 네, 9층에 있어요.

최근에는 집에서 TV로 개봉 중인 영화를 볼 수 있지만 그래도 영화는 극장에서 보는 재미가 있죠. 미국과 캐나다에서는 영화관을 movie theater 혹은 the movies라고 합니다. 영국에서는 cinema를 더 많이 써요. 같은 언어를 쓰는 나라지만 쓰는 단어가 다른 것이 흥미롭죠?

화문

see a movie 영화를 보다

예 Should we see a movie on Friday? 우리 금요일에 영화 볼까?

'영화를 보다'라는 말은 see a movie나 watch a movie라고 해요. 또는 go to the movies(영화관에 가다)라고 해도 같은 말이에요. 영화관에 간다는 것이 곧 영화를 본다는 말이니까요.

SFX 특수효과

예 The SFX was awesome in Avengers. 영화 어벤져스에서 특수효과가 멋졌다.

[스타워즈], [스타트렉] 같은 SF 영화나 [캡틴 마블], [아이언맨] 같은 슈퍼 히어로 영화, 재난 영화 등 특수효과가 들어가는 영화가 아주 많아요. '특수효과'는 영어로 special effect라고 하는데 줄여서 SFX라고 써요.

영화 장르

romantic comedy	로맨틱 코미디
action movie	액션 영화
comedy	코미디
drama	드라마
sci-fi movie	과학 영화
blockbuster	규모가 큰 영화
super hero movie	슈퍼 히어로 영화
horror movie	공포 영화

🎧 50.mp3

책은 마음의 양식이라고 합니다. 여러분이 재미있게 읽은 책은 어떤 것이 있는지 떠올려 보고 친구들과 서로 추천해 보세요.

read a book 책을 읽다

예 진현: What is Jaemin doing? 재민이는 뭐 하고 있니?

현주: He's reading a book. 그 애는 책을 읽고 있어.

책은 영어로 book이고, 주로 '읽다'라는 동사 read와 같이 써요.

bookworm 책벌레

예 Sihu is a bookworm. 시후는 책벌레야.

애도 책벌레구나.

책을 많이 읽는 사람을 한국어로는 '책벌레'라고 하죠? 영어에서도 한국어와 마찬가지로 bookworm(책벌레)이라고 해요. worm이 '벌레'라는 뜻이랍니다.

e-book 전자책

예 Have you ever read an e-book? 너 전자책 읽어 본 적 있어?

최근에는 종이책(paper books)보다 전자책인 e-book을 좋아하는 사람이 많아지고 있어요. e-book은 electronic book의 줄임말입니다. 전자책을 보려면 전용 단말기가 필요해요. 미국과 캐나다에서 제일 유명한 브랜드는 킨들이에요. 구글이나 아마존에서도 전자책 단말기를 판매하고 있어요. read는 동사 read(~을 읽다)의 과거형인데 모양은 같지만 [레드]라고 읽어요.

author 작가

예 수희: **What does your father do?** 너희 아버지는 뭐 하셔?

현우: **He's a writer.** 아버지는 작가셔.

책을 쓰는 사람은 '작가'라고 하는데 영어로는 author라고 해요. 또는 '쓰다'라는 동사 write에서 나온 단어로 '글을 쓰는 사람, 작가'라는 뜻의 writer라고 해도 좋습니다.

fiction 소설

예 **I don't like reading fictions.** 전 소설 읽는 것은 좋아하지 않아요.

앞에서 영화를 소개할 때 sci-fi가 나왔는데요, science fiction의 줄임말이었어요. fiction은 허구라는 뜻으로 사실이 아닌 상상력으로 만든 이야기를 말해요. 소설이 대표적이죠. 그것의 반대인 non-fiction은 실화라는 뜻으로, 사실에 기반을 둔 이야기에요. 정보가 담긴 글이나 위인전 같은 것들이 들어간답니다.

bookshelf 책장

예 재우: **Where is the book?** 그 책 어디 있어?

유민: **It's on the bookshelf.** 그거 책장에 있어.

bookshelf

책을 꽂아 두는 선반은 책장, bookshelf라고 한답니다. shelf가 '선반'이라는 뜻이에요. 집에 2-3단으로 된 책장이 있다면 shelf를 복수로 써야 해요. f/fe로 끝나는 명사는 복수로 만들 때 f를 v로 고치고 es를 붙입니다. 그래서 bookshelves라고 하지요. 발음하기 쉬우라고 그렇게 되었어요.

library 도서관

예 **I go to the library with my parents every weekend.**
나는 우리 부모님과 주말마다 도서관에 가.

도서관은 영어로 library입니다. 여러분의 학교에도 작은 도서관이 있을 거예요. 책을 구매하는 곳은 bookstore랍니다. store는 가게니까 bookstore는 바로 책을 파는 가게, 즉 서점이라는 뜻이에요.

 도서 분야

fiction **novel**	소설
poem	시
comic book	만화책
fairy tale	동화
children's book	아동도서
biography	전기 ＊한 사람의 일생을 담은 책
autobiography	자서전
cook book	요리책
world classic novels	세계 고전 소설
Greek mythology	그리스 신화

문화

영어 동화를 좋아하는 친구들도 있죠? 영어 동화에 자주 나오는 표현을 알아봅시다. 일상적으로 쓰는 표현도 있지만 주로 동화에서만 쓰는 표현도 있어요.

fairy tale 동화

예 Snow White is a famous fairy tale. 백설공주는 유명한 동화다.

동화는 영어로 fairy tales라고 해요. fairy는 '요정'이라는 뜻이고, tale은 '이야기'라는 뜻이죠. 동화에는 요정과 마법사가 자주 등장하니까 fairy tale은 '요정 등이 나오는 이야기 → 동화'인 것이죠.

folk tale 전래동화

예 시온: What is your favorite Korean folk tale? 네가 좋아하는 한국 전래 동화는 뭐야?

소은: I like the Sim Chung story. 난 심청 이야기가 좋아.

동화 중에서 입에서 입으로 전해 내려오는 이야기를 영어로는 fork tale(전래동화)이라고 해요. folk는 명사로 '사람들'이라는 뜻이고 형용사로는 '민속의, 전통의'라는 뜻이에요. 그래서 folk tale이라고 하면 '민속 이야기, 전래 동화, 사람들을 통해 입으로 전해져 내려온 민간 설화' 등을 뜻하지요.

once upon a time 옛날 옛날에

예 Once upon a time, there was a beautiful kingdom.
옛날 옛날에 아름다운 왕국이 있었어요.
▶ kingdom 왕국

동화책을 펴 보세요. 거의 모든 동화책은 '옛날 옛날에'로 시작해요. 이 말을 영어로 once upon a time이라고 합니다.

mermaid 인어

예 세영: **What is the name of the Mermaid Princess?** 인어 공주의 이름이 뭐지?

혁준: **It's Ariel.** 에어리얼이야.

나는 바다에 살아

동화에는 다양한 가상의 캐릭터가 나옵니다. 반은 인간, 반은 물고기인 인어도 빼놓을 수 없지요. '인어'는 영어로 mermaid라고 하고, 인어공주는 mermaid princess라고 해요.

King 왕

예 **Who is the King of Aldovia?** 알도비아의 왕이 누구야?

동화 속 왕국에는 나라를 다스리는 왕이 있지요. 왕국은 kingdom, 왕은 King이라고 합니다. 왕을 직접 부를 때는 대문자 King이라고 하고, 나머지는 the King이라고 해요.

Queen 여왕

예 **The Queen passed away when the princess was young.** 왕비는 공주가 어렸을 때 죽었다.

왕비나 여왕은 Queen이라고 해요. 왕비/여왕 역시 직접 부를 때는 대문자 Queen으로 쓰고, 나머지는 the Queen이라고 해요.

princess 공주

예 **The witch gave an apple to the princess.** 마녀는 공주에게 사과를 주었다.

▶ witch 마녀

동화 속 왕국에 왕과 왕비가 있다면 그들의 자식인 공주와 왕자도 있겠죠? 공주는 princess, 왕자는 prince라고 합니다.

화문

Prince Charming 백마 탄 왕자

예 *Frozen* doesn't have Prince Charming. 겨울왕국에는 백마 탄 왕자가 없다.

백설공주(Snow White)나 잠자는 숲 속의 공주(Sleeping Beauty) 같은 동화에는 멋진 왕자님이 나오죠. 이런 왕자는 주로 Prince Charming이라고 불려요. charming은 형용사로 '매력적인, 멋진'이라는 뜻이에요. 최근에는 완벽한 남자라는 뜻으로 일상에서도 쓰게 되었어요.

pirates 해적

나는 바다의 무법자!

예 Let's play pirates. I'll be the captain. 우리 해적 놀이 하자. 내가 선장 할게.
▶ captain 선장

남의 배를 빼앗는 해적! 영어로는 pirate이라고 합니다. 해적이 여러 명이면 pirates가 되지요.

goblin 도깨비

예 Have you ever read Korean goblin stories? 한국 도깨비 이야기 읽어본 적 있어?

전래동화에 자주 나오는 도깨비는 영어로 딱 맞는 표현은 없지만 goblin과 비슷해요. 고블린은 착하고 어수룩한 못생긴 마귀입니다.

giant 거인

예 Andy is like a giant. Very tall. 앤디는 거인 같아. 키가 아주 커.

동화에 자주 등장하는 거인은 영어로 giant입니다. 여러분 영화 [슈렉] 기억하나요? 슈렉은 초록색 큰 거인이었죠. giant는 일상적으로는 덩치가 큰 사람을 얘기하기도 해요.

happily ever after 그 후로 (영원히) 행복하게

예 They lived happily ever after. 그들은 그 후로 행복하게 살았다.

동화는 항상 '그 후로 행복하게 살았습니다'로 끝나죠. happily는 '행복하게'라는 뜻의 부사고, ever after는 '그 후로도 (영원히)'라는 부사예요.

230

Index
찾아보기

Index 찾아보기

C

H

N

O

P

Q

U

V

W